FINIR PROF…

Peut-on se réconcilier avec le collège ?

De la même auteure

Collèges de France, Fayard, 2003 ; Folio, 2004
Les souffrances du jeune trentenaire, Fayard, 2005
Le féminisime raconté en famille, Plon, 2007
Tombeau pour le collège, Café Voltaire, Flammarion, 2008
Formules enrichies : les mots et les choses de la vie, Café Voltaire, Flammarion, 2010
Femmes à rénover (en collaboration avec Sophie Giagnoni), Flammarion, 2011
Collège brutal, Café Voltaire, Flammarion, 2012
Jules Ferry et l'enfant sauvage : sauver le collège, Flammarion, 2014
Sous le charme du fait divers, Stock, 2016
Ça va mieux ton père ?, Stock, 2018

Mara Goyet

FINIR PROF...

Peut-on se réconcilier avec le collège ?

Robert Laffont

ISBN 978-2-221-26781-3
Dépôt légal : janvier 2023
Éditions Robert Laffont – 92, avenue de France, 75013 Paris

À Tom Sawyer, mon héros.

« Ce n'est pas sur les idées d'autrui que j'écris ; c'est sur les miennes. [...] Mais dépend-il de moi de me donner d'autres yeux, et de m'affecter d'autres idées ? non. Il dépend de moi de ne point abonder dans mon sens, de ne point croire être seul plus sage que tout le monde ; il dépend de moi, non de changer de sentiment, mais de me défier du mien : voilà tout ce que je puis faire, et ce que je fais. Que si je prends quelquefois le ton affirmatif, ce n'est point pour en imposer au lecteur ; c'est pour lui parler comme je pense. Pourquoi proposerais-je par forme de doute ce dont, quant à moi, je ne doute point ? Je dis exactement ce qui se passe dans mon esprit. »

Jean-Jacques Rousseau,
Émile ou De l'éducation

Prologue

Cela fait vingt-cinq ans que j'enseigne l'histoire-géographie au collège et vingt-cinq ans que je raconte, jour après jour, sous des formes diverses, mon métier d'enseignante ainsi que la vie de la classe.

Au fil des années, l'ensemble ressemble moins à une somme universitaire, à un traité éducatif ou politique, qu'à un roman de formation : j'ai grandi au collège une première fois, en tant qu'élève ; une seconde fois, depuis un quart de siècle donc, en tant que professeure. Ces décennies passées dans les classes m'ont progressivement fait prendre conscience de ce qui se cache au cœur de la relation enseignante, du caractère essentiel de ce qui est souvent considéré, dans l'éducation, comme secondaire ou anecdotique. Elles m'ont aussi amenée à m'inscrire profondément dans une forme, un lieu, une utopie : le collège, ce mal-aimé, cet amas de mauvais souvenirs qui est, pour beaucoup, un repoussoir absolu.

Qui veut encore aller au collège ou y être professeur aujourd'hui ? Plus grand monde. Et c'est bien compréhensible, nous verrons pourquoi. Je voudrais malgré tout expliquer, sans édulcoration, sans nier les difficultés, en quoi enseigner au collège est l'une des plus belles choses qui me soient arrivées. Je souhaiterais montrer comment on peut apprivoiser ce métier génial et impossible, comment on peut le supporter, avec passion, au jour le jour. Il s'agira aussi de dévoiler un cœur éducatif sans cesse dissimulé sous des fatras d'idées, de considérations absurdes ou de protocoles en folie.

Après cette traversée au long cours de l'enseignement comme expérience existentielle, nous verrons comment le pouls de ce cœur révélateur s'est brutalement accéléré après que l'École a été touchée par la pandémie, puis traumatisée par l'attentat islamiste contre Samuel Paty. L'Histoire est revenue : la classe est sortie de ses gonds avec le Covid ; le collège est devenu une scène de crime après l'attentat. Un certain mal-être a frappé tous les niveaux du système éducatif : il était déjà là ; il s'est durablement installé, et nous fûmes tous atteints à des degrés divers. Un violent renversement de perspective s'est alors opéré, du moins à mes yeux, quant à la manière dont on peut hiérarchiser les questions liées à l'enseignement, dont on ordonne ses différents éléments, plans et exigences. Cela m'a donné le sentiment que les réformes successives, qu'on les juge scandaleuses ou prometteuses, nous éloignaient tous chaque jour un peu plus du réacteur de l'École, à savoir la classe dans sa vie brouillonne ou ordonnée, fiévreuse ou léthargique, répétitive ou imprévisible, géniale ou misérable.

Les politiques éducatives empilent ainsi, depuis des années, les démarches, les dispositifs, les réformes, sans chercher à tenir compte de ce qu'il y a de merveilleusement vivant chez les élèves, d'émouvant dans le lien qui les unit, ou non, à leurs professeurs, de follement riche dans une classe.

Ce sera alors le moment d'explorer ces fameuses « querelles scolaires », si traditionnelles et omniprésentes, de plus en plus figées et déconnectées de ce que sont un collège, un professeur ou un élève aujourd'hui.

Malgré une structure qui, en apparence, tient encore, on a ainsi fini par se retrouver avec de plus en plus d'élèves pour qui c'est une souffrance d'aller en classe et de moins en moins de gens désireux de devenir enseignant. C'est un immense rendez-vous manqué, notamment avec le bonheur, fragile, d'enseigner, et avec l'École et le collège, le lieu le plus bordélique, sacré, drôle et à désespérer qui soit.

Contrairement à ce que ces lignes pourraient laisser penser, c'est à un traité d'optimisme que je vais m'adonner. Sinon, à quoi bon continuer à faire ce métier ? On peut être une professeure fatiguée, un peu désillusionnée, voire fâchée, sans que la joie ni le privilège d'enseigner soient entamés.

Je n'ai jamais été aussi heureuse et libre en classe, et je souhaite le raconter.

Première partie

Le collège malgré lui

1

Affection et désaffection

Jeune fille, j'ai participé, l'été, à des fouilles archéologiques. Au bout de quelques jours en plein soleil, après des heures et des heures de labeur opiniâtre, j'ai commencé à être déçue par cette entreprise éprouvante. Si éloignée des ruines, des découvertes magnifiques, des aventures d'Indiana Jones… Pas de temple, pas de Graal, pas d'Arche d'alliance, rien. Au fil du temps, cependant, j'ai découvert une dimension de ce chantier qui me plaisait énormément : penchée sur la terre, armée d'une truelle, attachée à des gestes répétitifs, condamnée à l'endurance, j'aimais observer les lentes modifications de la couleur du sol. L'arrivée de l'ocre, l'irruption du blanc cassé… C'était hypnotique et contemplatif.

Ce lent dévoilement, c'est, sous une forme différente, ce que je retrouve dans l'enseignement. Toujours des classes, toujours des élèves, toujours des trimestres, des copies, des programmes modifiés à la marge, mais aussi d'imperceptibles évolutions, dans la société, dans le monde, dans l'Éducation nationale, chez les élèves comme chez moi.

Quand on commence à enseigner, on n'imagine pas à quel point ces variations sont intéressantes. Un promeneur occasionnel en forêt se dira que c'est plein d'arbres en bois. Un habitué qui se lève tous les jours à l'aube pour la parcourir verra mille détails, mille légères transformations.

En somme, dans un collège, je commence à connaître les coins à champignons et les endroits où l'on peut observer des sangliers et des biches.

Mon petit Liré

C'est pour cette raison que j'ai sans cesse envie d'expliquer à tout le monde que, sans l'enseignement, la vie ne vaut rien, qu'on ne peut rien y comprendre. La classe, du moins pour moi, c'est comme une prise de terre qui me relie au réel. C'est mon sol, mon terroir, mon humus. C'est mon petit Liré, mon plancher des vaches.

C'est aussi ma force et mon inscription dans le monde. Par « inscription », j'entends que je suis arrimée à quelque chose de très concret : la classe, les élèves. Je ne saute pas d'une idée abstraite à une autre, j'éprouve mes convictions, mes connaissances et mes principes au contact des collégiens. Mes préjugés, quand je suis de bonne foi, n'y résistent pas.

Cela me confère aussi une grande assise et une puissante vitalité : je vieillis, mais je ne suis jamais loin de la jeunesse. Même si je dis encore « walkman » ou « carte orange » par accident, je suis au plus près de l'évolution des codes, des réseaux sociaux, des mots inédits, de ce qui anime les jeunes. Il y a dans l'enseignement une possibilité rare d'être à la croisée du passé et de l'avenir, du prosaïque et du sublime, de l'enfance et de l'âge, de la spontanéité et du vénérable, du fondamental et de l'anecdotique, du grave et de l'insouciant. À mes yeux, c'est un terrain favorable, bien qu'épuisant et dévorant, pour penser, observer, travailler et tisser des liens.

Enseigner, ce n'est plus pour moi une option en attendant de faire un vrai métier d'adulte avec des tickets restaurant, des N + 2, des RTT et autres *chief happiness officers*. Le collège, c'est ma quête.

C'est même devenu une quête personnelle. J'ai fini par quitter l'arène des conflits et des querelles. Trop violent, trop vain, trop incertain. Après des années d'implication, j'ai senti que je ne pensais plus grand-chose des trépidants débats éducatifs qui enflamment chaque jour, depuis toujours, la France. Pis, je ne m'y intéressais plus vraiment. L'espace de la classe me semblait être le vrai lieu, la vraie unité de mesure, les élèves les seuls interlocuteurs valables.

J'ai mis ce désintérêt sur le compte d'une forme de lassitude, de fatigue, voire de découragement.

Peut-être de sagesse. J'ai pensé qu'il s'agissait d'un passage obligé de la vie professionnelle, d'un cap dans ma carrière. Je n'en étais pas spécialement fière : quelle était la part d'aigreur dans ce dégoût ? Ou d'incapacité ? Voire de lâcheté ? Et quelle était, ainsi, la part d'authenticité dans mon investissement préalable ? Étais-je devenue désabusée après avoir été cynique ?

En réalité, j'ai compris que je m'étais réfugiée dans ce qui me semblait maîtrisable et important, comme si j'avais enfin trouvé mon « échelle », le « bon niveau » ou la juste distance. Sans jamais, pour autant, atteindre la quiétude ni l'apaisement.

Un peu d'aigreur

J'ai entendu dire que plus personne ne veut devenir professeur. Je ne comprends pas.

Qui peut résister, à 24 ans ou bien plus tard, après de longues études, à la perspective heureuse d'être livré, sans expérience aucune, à de jeunes adolescents *profophages* ou *enseignoclastes* ? Qui peut refuser de se rendre dans un quartier bouillonnant et désespéré où les anciens n'enseignent souvent plus ? Parfois à des centaines de kilomètres de chez soi ? Avec pour tout viatique une formation incitant à dispenser des cours alambiqués mais savants qui transmettent à jamais une culpabilité tenace née de la honte de ne pas y arriver ? Qui peut être insensible à un salaire que nous appellerons, par pudeur, « modéré » ? Qui peut se priver d'entrer dans les sphères sublimes d'une institution régie par l'inertie et la crainte ? Qui ne savoure pas à l'avance l'idée de passer trois jours à régler un problème avec des parents s'alarmant du coefficient d'un contrôle peu réussi par leur enfant, ou à instaurer la paix et l'harmonie dans un groupe WhatsApp de sixième qui ferait passer la twittosphère pour un chœur angélique ? Qui veut échapper, lors de repas arrosés avec des tiers non initiés, à de brillantes discussions sur les fameux « deux mois de vacances » des enseignants, assorties d'avis fort peu informés sur ce qu'il faudrait faire ? Qui peut louper cette expérience de modestie intense : ne jamais égaler en beauté ni en dignité le hussard des livres d'images édifiantes, mais se retrouver tout simplement… prof ?

Vraiment, il est étrange que les candidats à l'enseignement se raréfient. Et tout cela malgré des campagnes de recrutement promettant un métier qui a du sens, qui permet de s'épanouir dans sa discipline, vantant la transmission, l'engagement dans une mission de service public. Quelle plus belle promesse que d'embrasser, à vie, une fonction de haute technicité, au fait des dernières découvertes sur le cortex préfrontal comme des récents travaux universitaires consacrés aux matériaux utilisés dans la construction, au XIIIe siècle, du four banal de Préchy-sur-Moubange ? Une profession pour laquelle sont requises des habiletés suprêmes, comme savoir se servir les yeux fermés de TruCoolClass, une application permettant, grâce à un QR code dispensé à chaque élève, de cotravailler à une co-construction polydisciplinaire en virtuel hybride synchrone sur un devoir commun *co-coopératif* dont la restitution se fera sous la forme d'une synthèse vidéo, le tout sans téléphone portable, évidemment ?

Mais pourquoi cette désertion ?

Voilà. C'était LE passage aigri du livre. Ou réaliste, diront certains. Je n'en sais trop rien. Il n'y en aura plus beaucoup. J'ai dû me forcer un peu. S'il y a un combat que j'ai réussi à mener, pour l'instant du moins, c'est celui contre l'aigreur. Cela n'a pas toujours été évident. Mais je suis heureuse d'avoir « fini prof » comme de « finir prof ». Je ne suis pas pour autant une ravie de la crèche. Ni mère Teresa. Ni une professeure d'anthologie exaltée. Je vois les difficultés, je les constate et je les éprouve.

Un métier épanouissant. Vraiment ?

Enseigner est un métier extraordinaire. Mais aussi humble, difficile et ingrat. À ce titre, un discours de vérité s'impose. Une fois que les choses seront dites et reconnues, peut-être qu'on trouvera davantage de volontaires.

C'est pourquoi, j'y reviens un instant, peu de choses me fascinent autant que les campagnes de recrutement pour le métier de professeur, qui s'emploient au contraire à fuir tout réalisme. Il faut imaginer du Zola publié dans la collection Harlequin. Je suis une aficionada du site Devenirenseignant.gouv. Je le consulte avec ardeur et gourmandise.

Son charme comique vient surtout des illustrations proposées. On découvre ainsi sur les clichés de jeunes hommes d'une coolitude à toute épreuve, vêtus d'une veste en coton souple, appuyés sur une règle jaune (la fameuse, en bois, joyau du mobilier scolaire). L'un veille sur une petite fille coiffée d'une sage natte : elle inscrit sur un tableau à craie, ce qui est un peu surprenant aujourd'hui, le nom des différentes parties d'une fleur. À côté, on repère des frises à l'ancienne et une grosse horloge rouge (lire l'heure, un savoir-faire ancestral aujourd'hui disparu ou presque). Malgré le masque chirurgical des temps pandémiques, le jeune enseignant est tout beau. L'ensemble est parfaitement pensé, entre la leçon de choses *old school* et l'aspect « papier glacé » du professeur.

Ces hommes ont un vague air de ressemblance avec Ben Affleck, Jake Gyllenhaal ou Nanni Moretti. Cela présente évidemment le métier sous un jour assez attrayant : enseigner rend beau. Du moins les hommes.

Les femmes, quant à elles, ne ressemblent en aucun cas à Penélope Cruz ni à Jennifer Lopez : elles sont simples, souriantes, avec un petit air tendre ou rigolo et quelques rondeurs accueillantes à l'occasion. L'enseignement, c'est un peu comme dans un square : le père au bord du bac à sable fait fantasmer tout le monde (on imagine un veuf héroïque au cœur brisé), quand les mères laissent indifférent. Ainsi, dans ces campagnes, un homme devient-il affriolant quand une femme paraît douce, gentille, accablée d'une fatigue sans charme. C'est injuste, mais on comprend bien, cependant, à quel point il serait inconvenant d'exploiter le thème de la maîtresse dominatrice à longue jupe fendue, celle des fantasmes les plus éculés (sans compter que cette image ne donnera à aucune personne saine d'esprit l'envie de s'engager dans l'enseignement). On retombe sur l'éternelle et consternante oscillation entre la « maman » et la « putain », sans trouver de représentation satisfaisante.

Évidemment, les photos ne montrent aucun professeur sous Prozac, en train de pleurer, de l'encre dans le dos, des cernes en pagaille et la chemise débraillée. On n'y voit pas d'enseignant hagard, son huitième café à la main, se demandant avec angoisse s'il n'est pas en train de devenir de droite. Nulle image d'un maître au bord de l'explosion répondant au cinquantième mail de parent à 22 heures un dimanche. Néanmoins, cette campagne représente un progrès par rapport à d'autres.

Il y a plusieurs années, il était question de Laura, sorte d'égérie *hygge* tout en beige. Elle lisait un livre dans une posture tamisée, sous une lumière veloutée. Il y avait aussi Julien. Lui, dans une atmosphère froide, métallique et high-tech, se concentrait devant son ordinateur en bras de chemise. Laura avait trouvé le « poste de ses rêves » (dont elle devait rêver depuis ses quatre ans, époque où elle jouait aussi à la petite maman et à l'infirmière) ; Julien avait décroché quant à lui un « poste à la hauteur de ses ambitions » (une autre option que trader, pilote de chasse ou ingénieur en aérospatiale, à en croire l'image).

Je me moque mais, si je suis honnête, j'ai du mal à imaginer ce que pourrait être une bonne campagne pour donner envie d'être professeur. Avec un slogan à la Churchill, qui promet du sang, de la sueur et des larmes ? Je vous garantis « des copies par milliers, des vendredis après-midi épuisants et des classes bourrées d'ados. Et vous savez quoi ? Vous allez aimer ça… ». Ça ne marcherait pas. Il faudrait donner une image plus juste, complexe et nuancée du métier. Mais quelle est-elle ?

Depuis des années, je répète qu'un enseignant est une sorte de chimère, un peu Lara Croft ou Mario, un peu Jacqueline de Romilly, un peu MacGyver. Il faut être assez « badass » (sous une forme ou une autre – les voies de l'autorité sont infinies), très cultivé dans sa discipline, attentif et inventif, réactif. L'ensemble a un tour étrange et, *a priori*, ne ressemble à rien. D'où la difficulté de faire de la publicité digne de ce nom : « Vous aimez Homère, vous aimez vous débarrasser d'une mouche qui anéantit votre cours en faisant du rase-mottes au-dessus des têtes (sans la tuer, sinon les enfants pleurent), vous aimez trouver un moyen de rendre passionnante l'histoire du droit de vote au XIXe siècle pour des élèves de quatrième qui n'en ont sans doute rien à faire ? Vous aimez l'intempestif, l'inattendu, mais aussi la répétition ? Alors, devenez prof. Un métier dans lequel on s'ennuie beaucoup sans s'ennuyer jamais. » Ce n'est pas convaincant...

N'étant, bien heureusement, pas chargée de la propagande ministérielle, je vais tenter de décrire du mieux que je le peux ce qui me fait tant aimer ce métier. Et pourquoi c'est au collège que j'aime enseigner.

Ma 26e sixième

Cela fait un quart de siècle que je suis au collège. Que j'attends l'heure de la récréation, que je compte les jours avant les vacances. Que je vois défiler des classes, des élèves, des collègues et des trimestres. Que je m'habille bien pour le jour de la rentrée.

Moins bien ensuite. Cela fait un quart de siècle que je suis au collège ; même mes enfants n'y sont plus. C'est la moitié de ma vie. C'est ma vie.

Je ne suis plus une jeune professeure. Mais je ne suis pas encore dotée de la grâce protectrice, de l'aura vénérable du vieil enseignant : j'attends avec impatience ce délicieux moment, type César d'honneur, où, après la traversée du désert de la ringardise, on commence, par habitude et parce que ça sent le sapin, à vous trouver unanimement génial juste parce que vous avez survécu et que vous rappelez de vieux souvenirs d'enfance enfouis…

Je suis là, jour après jour, de plus en plus isolée dans ma salle. J'ai été une sorte de précurseur du confinement. Je suis assise à côté de ma bouilloire et de mon café en dosettes. Je suis passée au décaféiné avec l'âge. Je regarde, par la fenêtre, les générations qui défilent au gré des saisons, avec, au fond, un bout de ciel qui se détache au-dessus des toits. J'entends les cris des élèves en récréation qui se mêlent aux voix plus enfantines de l'école maternelle voisine. Dans mon antre, je déjeune, au son du linoléum et des vieux rideaux, je mange des choux de Bruxelles froids au fond d'un Tupperware, assortis de yaourts zéro pour cent, le nez sur mes copies. Comme je suis une professeure confirmée, je fais de moins en moins semblant, en cours, de me promener dans la salle. En général, je suis assise sur ma chaise comme un vieux sage, pas tout à fait comme Jabba le

Hutt encore, ni comme un hibou à la paupière tombante. Cela viendra. Je suis bien. Je suis heureuse.

Dénis

« C'est bien de se mentir. » La phrase tombe comme un couperet. Elle a été prononcée par quelqu'un de mon âge qui, d'un point de vue académique et éditorial, a parfaitement réussi. J'étais en train de lui expliquer à quel point être professeure de collège me comblait, combien j'aimais ce métier et y trouvais ma place.

Il ne me croit pas insincère ni poseuse ; c'est pire que cela : je suis, à ses yeux, dans le déni. Pour lui, j'ai de toute évidence un boulot de merde, un métier que plus personne ou presque ne souhaite faire, et pourtant j'en suis contente. Une sorte de syndrome de Stockholm professionnel m'a sans doute permis de me convaincre que je m'y épanouissais.

Non, non, non, j'adore ce métier. Mais un doute s'insinue dans mon esprit.

Des années plus tard. Lors d'un repas, on me demande ce qui me plaît dans l'enseignement. Je me dispense, un peu étrangement, du passage lyrique obligé sur la transmission, la jeunesse, la culture, les marronniers dans la cour et le son de la cloche. J'évoque l'austérité, la dimension répétitive des années scolaires, une forme d'âpreté, d'humilité et de franchise. À m'entendre, on pourrait croire que je suis guide de haute montagne, moniale dans une abbaye des plus reculées ou membre d'un club SM soft survivaliste. Je regarde mes commensaux et je lis dans leurs yeux de l'incrédulité.

Je les comprends. Mes motifs de satisfaction n'ont rien de probant. En même temps, enseigner, ce n'est pas faire un petit tour dans une salle de classe, s'émouvoir et repartir, riche de moments uniques, magnifiques ou cataclysmiques. C'est durer. Des années. Auprès d'adolescents qui pourraient être vos petits frères et sœurs, puis vos enfants, puis vos petits-enfants. Ce temps long peut mener à l'épuisement, à l'ennui, à l'aigreur ou à l'essoufflement. J'ai tenté de l'aimer. Je ne suis pas certaine de l'avoir apprivoisé mais, du moins, j'ai tenu à l'affronter et à en faire, plutôt qu'une dimension secondaire ou un inconvénient regrettable du métier, une donnée essentielle.

2

Professeure de collège…

Le bon endroit

Inlassablement, depuis des années, mon entourage me demande : « Mais pourquoi tu n'enseignes pas au lycée ? » Au yeux de mes proches, ce serait non seulement pour changer, mais aussi parce que cela semble plus valorisant. Plus les enfants sont grands, plus les connaissances sont ardues. C'est un travail d'intellectuel, paraît-il.

Longtemps j'ai pensé que je n'étais plus au niveau, que j'avais passé tant de temps avec des petits que je ne saurais pas affronter des élèves plus âgés. Comme si, à 16 ans, on devenait subitement un spécialiste des crises financières au XVIIIe siècle ou incollable sur le fonctionnement du Conseil d'État. C'était un motif absurde. En réalité, si je reste, c'est parce que j'aime le collège, le mal-aimé de l'Institution. Et je me dis que j'ai beaucoup de chance d'avoir trouvé, dans ma vie, un endroit où je me sens à ma place pour travailler. Évidemment, ce n'est pas une chaire à Berkeley, mais c'est exactement le lieu dans lequel je me sens à la fois légitime, sincère et à la croisée de tant de choses qui me sont essentielles : la culture, le savoir, transmettre, la lutte, l'enfance, l'imprévu, l'autonomie, le cadre… et me marrer.

Absence de prestige garantie

Reconnaissons cependant que, dans la chaîne alimentaire éducative, le professeur de collège est celui qui a le moins de lustre.

D'un côté, il y a la figure encore un peu prestigieuse du professeur de lycée. Son halo de velours côtelé, les vapeurs de sa discipline, l'étendue de son savoir flottent toujours autour de sa personne. Il faut dire qu'avec lui les choses sérieuses ont enfin commencé. De l'autre, il y a encore et toujours – bien que cela évolue – la tendresse que suscite celui qu'on appelait « l'instit » : les souvenirs lointains, les ciseaux, la colle, la kermesse, les rouleaux de papier toilette qu'on conserve. Ces enseignants promènent avec eux deux imaginaires. Un peu malmenés aujourd'hui par l'époque, la dureté ici ou là et la réalité du terrain. Mais il en reste quelque chose. Comme un statut, une aura, un souvenir.

Au milieu, il y a le prof de collège. Qui ne représente rien. Ou presque. Qui n'existe le plus souvent que par sa caricature, par son type : le fainéant, le cinglé, le cyclothymique, l'exigeant, le bordélisé. L'éveilleur, parfois. À moins qu'il n'enseigne dans un coin très difficile, ce qui lui confère une forme d'immunité, voire lui permet d'accéder à une discrète canonisation, il n'incarne pas grand-chose. Pis, il réactive l'ennui, la tristesse, la lenteur des quatre années pénibles et boutonneuses que nous avons tous, ou presque, traversées. Dans la douleur, souvent.

Il n'appartient ni au champ de l'enfance ni au domaine du savoir. Il est là, dans cette zone intermittente et mouvante qui accueille des enfants joyeux et enthousiastes, accompagne leur métamorphose et, ensuite, finit par les livrer au lycée sous la forme d'ados las. Il peut accomplir excellemment son travail mais a toutes les difficultés du monde à s'en sentir vraiment fier : en général, ceux qui quittent le collège ont moins le sourire que lorsqu'ils y sont entrés, font preuve de moins de vitalité et de curiosité. C'est évidemment un effet de l'âge, mais il est possible de se considérer comme responsable de n'avoir pas su entretenir le feu.

Être professeur de collège garantit donc de ne susciter que peu d'admiration dans le monde de l'enseignement. Je dois avouer que c'est, paradoxalement, l'une des raisons qui me font aimer le collège. La grandeur de la fonction n'est pas donnée, on doit la gagner par soi-même, on doit la découvrir et la chérir. C'est un travail considérable et périlleux qui ne peut (presque pas) reposer sur un capital de sympathie préalable, bien que ce soit un peu plus compliqué que cela : l'image du professeur n'est pas tout à fait ternie. Si l'on évoque souvent, à juste titre, le déclassement des enseignants, ils continuent malgré tout à représenter quelque chose de fort aux yeux de la population. D'un point de vue symbolique, l'enseignant est à géométrie variable.

Si vous vous présentez comme professeur d'université, le prestige est là à l'avance. On imagine les amphithéâtres de la Sorbonne, le bois des bancs, les vieux livres. Rien de tel quand vous annoncez que vous êtes professeur de collège : vous dégagez une odeur de mauvais souvenirs, de conneries adolescentes accumulées, d'acné et d'enseignants, hors exception, fous ou maltraités (les normaux auront été oubliés). C'est à vous de confectionner votre propre fragrance.

Il faut du mérite : moi qui n'en ai jamais beaucoup eu (je suis née avec un dictionnaire en argent dans la bouche et l'on m'a transmis dès mon plus jeune âge les codes et la culture scolaires, sans pour autant que mes parents soient enseignants), j'y suis particulièrement sensible. Ce que je fais, bien ou mal, dans une classe, c'est à moi que je le dois.

Un espace de relégation ?

On pourrait avoir le sentiment que je peins ici un espace de relégation, une sorte de camp de rééducation pour intellectuels prétentieux. Mais c'est aussi ce que j'apprécie : d'être plongée parmi les adolescents. Non que j'aime tout particulièrement cette période de la vie : elle me fout vraiment la trouille. Bien qu'elle m'enchante par sa vitalité, sa rapidité et sa folie douce, elle est impitoyable et féroce. Elle ne permet ni de tricher ni de s'endormir. Il faut inventer des stratagèmes infinis pour capter l'attention des élèves afin qu'ils apprennent, travaillent et retiennent. Il y a une forme d'opiniâtreté qui me plaît.

Je crois qu'on sous-estime à quel point faire un métier difficile vous donne de la force (je ne dis pas un métier pénible ni déconsidéré, comprenez-moi bien : je ne prétends pas que travailler au soleil sur une voie ferrée soit la clef du bonheur, loin de là).

Quand vous enseignez au collège, vous êtes dans le vrai. De manière paradoxalement un peu protégée (vous êtes dans une salle, pas dans la rue, la jungle ou sur la banquise), vous êtes immergé dans un pan de la société connu de tous et pourtant inaccessible à la plupart : combien d'adultes disent rêver d'être « une petite souris » pour observer ce qui se passe dans les classes ?

Masochisme ?

À ce stade, je suis prise d'un doute. Imaginons que je tienne le même discours sur un tout autre sujet : être une femme, par exemple. Je me vois mal expliquer que j'adore être une femme pour tout un tas de raisons, les meilleures comme les plus pénibles : se faire emmerder dans la rue, subir des remarques misogynes, se taper du *mansplaining* à longueur de temps, avoir des contractions lors de l'accouchement, ne pas se sentir en sécurité, etc. J'aurais l'air d'une collabo, d'une enthousiaste du patriarcat si je m'attachais à accepter ainsi le sort des femmes, à l'apprécier, à l'aimer plutôt qu'à chercher à l'améliorer et à me battre.

Avec de tels raisonnements, j'aurais prétendu, au XIIIe siècle, vouloir apprivoiser la douleur insupportable de la carie ; avant l'invention de la roue, j'aurais déclaré être une fanatique de l'idée de porter des choses lourdes et de tout faire à pied. Mes considérations pourraient sonner comme le discours d'un stoïcien approximatif et attentiste qui feint de donner du sens à ce qu'il subit.

En même temps, si l'on enlève tout ce qui est potentiellement pénible dans l'enseignement, à savoir les heures de cours, les élèves, les collègues, soi-même, les trimestres, les heures du matin, celles de l'après-midi, la classe, la furie des adolescents, il risque de ne plus rester grand-chose. Impossible de séparer le bon grain de l'ivraie : les inconvénients ne sont que l'autre face des dimensions les plus merveilleuses de ce métier.

C'est pourquoi il me semble important, quand on est professeur, d'opérer un réel travail d'alchimiste, sans chercher à planquer la poussière sous le tapis, sans passer son temps à édifier des barrages, afin de transformer ce qui pourrait nous accabler (la liste est longue) en force, en levier.

C'est un travail épuisant, souvent incertain, mais extrêmement fécond : cesser de se sentir piraté par l'irruption du quotidien et se réconcilier avec lui me paraît une tâche à la fois trépidante et d'une grande profondeur.

Non, la pluie qui tape contre les carreaux de la salle de classe n'est pas une ennemie, elle est une occasion (si je continue comme ça, je vais finir en François d'Assise de la didactique à accueillir ainsi « frère Nuage » et « sœur Neige » dans mon cours). Et là, il faut se creuser. Il ne s'agit pas uniquement de partir en quête d'une trouvaille pédagogique artificielle (type prétexte pour étudier le cycle de l'eau), mais de montrer aux élèves à quel point la classe s'inscrit dans le monde, leur monde, sans lui tourner le dos ni s'en défendre : la vie n'est pas un obstacle, mais un ferment qui nourrit le savoir. Tout cela sans promesse de succès : la pluie, trop souvent, c'est juste de l'eau qui tombe et déconcentre les élèves. Misère…

En liberté

Il faudrait aussi insister sur la liberté que procure le collège. Il constitue un cadre quelque peu ingrat, mais sur lequel l'imagination peut s'appuyer. Le collège n'est pas le lieu initiatique du « lire, apprendre, compter ». Il n'est pas non plus l'antichambre solennelle du bac. Il est une sorte de tunnel qu'il faut traverser le plus efficacement possible.

Sa dimension chaotique doit, certes, être apprivoisée et domestiquée, mais il est possible d'en jouer, de feindre d'être l'organisateur de ces quatre années si étranges. Enseigner au collège, c'est énormément de fatigue, c'est une intense tension, mais c'est aussi, étrangement, ludique et joyeux : on se vit comme un héros de jeu vidéo qui doit avancer sans jamais vraiment s'arrêter, éteignant un foyer de bavardages ici, capturant une gomme là, transmettant des connaissances tout au long d'un parcours parsemé d'innombrables embûches. En chemin, il croise des personnages terriblement attachants, en pleine métamorphose, souvent exaspérants. Il faut tenir et instruire.

Il y a bien d'autres raisons, évidemment, d'aimer l'enseignement. Elles sont plus connues et prévisibles : la transmission, la formation du citoyen, le sentiment d'être utile.

Mon Dieu, mon Dieu, la vie est là !

Ainsi suis-je persuadée, comme je l'ai dit plus haut, que si l'on délivrait un discours juste sur ce métier, sans faire croire que c'est une tâche totalement livresque ni un art de l'animation, sans tenter de convaincre que c'est de la haute technique ni une science exacte, sans laisser espérer que l'on va régler tous les problèmes de la société ni sauver à soi tout seul la République, je suis persuadée, donc, que si l'on tenait un discours ambitieux et vivant, réaliste et franc, libre et solennel, l'enseignement deviendrait moins décevant, angoissant ou déstabilisant.

Oui, la vie et les vies perturbent sans cesse le programme éducatif que nous avons prévu. Oui, tout est sans cesse chahuté. Plutôt que de le déplorer, il faut accepter d'être du côté non seulement du savoir et de l'ordre (nécessaire), mais aussi de l'intempestif. Il faut apprendre, préparer, espérer et construire, mais aussi improviser, imaginer, ruser et s'adapter. C'est ce qui rend le métier si enthousiasmant : il est, je le répète mais j'y tiens, à la croisée des niveaux et des degrés, entre la glorieuse culture et les événements aléatoires ou sommaires, entre les morts qui laissent leurs œuvres et les adolescents en plein chamboulement. Le professeur est dans une position bâtarde, au carrefour de ces mondes, et c'est là son génie. Refuser que cela soit ainsi, cela promet des années de frustration, de combat et de découragement.

Précieuse naïveté

Un discours de vérité permettrait notamment de mieux affronter un problème en partie insoluble : l'envoi des jeunes professeurs dans des quartiers difficiles. Il est vrai que c'est choquant. Mais pour être tout à fait honnête, si j'y retournais aujourd'hui, après y avoir passé mes onze premières années d'enseignement, je ne suis pas certaine que j'y serais plus efficace.

Certes, il y a des millions d'erreurs que je ne ferais plus, des tonnes de choses que j'ai comprises grâce à l'expérience. Je serais sans doute plus subtile, gentille, psychologue, habile. Mais je n'ai plus la force ni la détermination de mes 25 ans. Ni la naïveté et le culot, d'ailleurs. Je ne me prends plus pour la République, je ne me pense plus capable de sauver le monde, je ne suis plus mortellement outrée par telle ou telle décision ou remarque. L'expérience n'est pas tout ; la vitalité et la jeunesse comptent aussi. Avec l'accumulation des années, il y a une forme de déperdition.

3

L'expérience

Pertes et progrès

Depuis mes débuts, j'ai donc considérablement évolué. J'ai certes progressé, mais j'ai aussi perdu des choses essentielles. Le contraste avec mes premières années d'enseignement est saisissant. Je me souviens des heures passées en salle des profs, de ma relation exclusive avec mon casier bordélique (vide, désormais), de mon attachement viscéral à la machine à café. J'attendais les récréations pour pouvoir rejoindre jeunes recrues de l'Éducation nationale et canapés en poil de Camif (la Redoute des enseignants). Le midi, j'aimais la cantine et ses plats intemporels. Je ne comprenais même pas comment on pouvait s'en passer, déjeuner dehors ou, pire, apporter un Tupperware. Le soir, à la fin des cours, l'idée de prendre un pot convivial me permettait de tenir ; les journées étaient parfois difficiles.

J'étais un peu comme une élève passée de l'autre côté du miroir mais ayant gardé toutes les habitudes et tous les rituels d'une lycéenne attardée. Les cours étaient bien sûr au cœur de mes préoccupations, de mes peurs, de mes réflexions, mais je ne m'étais pas encore approprié la salle de classe comme cadre de référence : j'y étais de passage. J'avais d'ailleurs une vision très extérieure du collège, j'observais tout avec étonnement, stupéfaction, engouement, ironie. J'aimerais bien, de nouveau, avoir ce regard sans concession, juste ou injuste, qui est l'apanage de la jeunesse. Retrouver cette capacité à m'indigner sans relâche des absurdités, des délires collectifs qui nous occupent ; me sentir révoltée en face des inégalités scolaires, notamment de la différence entre ce que j'ai reçu enfant et ce dont disposaient mes élèves de ZEP.

J'avais certes lu Bourdieu et pas mal de sociologie, mais j'ai alors découvert dans ma chair, et non plus seulement intellectuellement, la profondeur du fossé qui séparait une bonne partie de mes élèves de celle que j'avais été. Cela n'avait plus rien à voir avec une connaissance livresque de la question. Quand le problème devient moins abstrait, vous êtes contraint à une relecture de votre passé et à une analyse plus douloureuse du présent. Cela m'a plongée dans un incroyable état d'angoisse et d'urgence qui m'a en partie motivée et ne m'a jamais vraiment quittée. Cela m'a aussi conduite à une certaine rigidité, voire à une forme d'aveuglement.

J'étais parfois plus attentive à ce que je souhaitais transmettre qu'à ceux qui étaient en face de moi. J'aimais beaucoup les élèves, mais j'étais moi-même si peu adulte encore que j'avais tendance à trop en faire dans le genre autoritaire afin de masquer mon infantilisme et ma proximité avec eux. Je pensais, voyais les choses comme ces adolescents, d'où une certaine difficulté à me sentir responsable de la situation. Ce qui ne m'empêchait pas de me croire coupable : un jeune enseignant, confronté à ce qui sera pourtant la situation la plus compliquée de sa carrière (ses débuts en zone difficile), ne bénéficie d'aucune indulgence. S'il patauge ou échoue totalement, ce sera considéré comme sa faute. Notamment par lui-même.

J'adorais déjà faire cours mais, quand cela marchait bien, j'étais souvent mortifiée de ne pas ressembler à la professeure que j'aurais voulu être : pleine de dignité, d'austérité, tout entière livrée au sérieux de sa fonction. Je regardais mes collègues plus âgés et plus expérimentés avec admiration pour certains, avec humour pour d'autres. Il était clair que je ne voulais pas ressembler à ceux qui étaient le plus caricaturalement profs : je me tenais ainsi en lisière du métier comme on est au bord d'une mer froide. On y trempe un orteil, pour commencer.

Isolement

J'étais alors en ZEP, je suis maintenant dans le centre de Paris. Et je mesure à quel point il n'y a pas de lieu sur terre où l'enseignement soit donné ni facile : rassembler trente adolescents à 8 h 30 dans une salle exiguë afin de leur faire subir un cours sur le monde féodal ne va jamais ni nulle part de soi. Même si les conditions d'enseignement sont différentes et plus sereines là où j'évolue aujourd'hui. Évidemment.

Désormais, je me sens profondément responsable de la situation. Si cela ne marche pas dans un cours, je ne peux plus invoquer la jeunesse, l'inexpérience, le quartier, la violence, le système, le ou la ministre, les programmes. Si je trouve que rien ne va, il ne me suffit pas de le déplorer, il faut aussi que je propose une solution. Je suis désormais embarquée.

À 25 ans, je me sentais jetée dans le flot, sans prise sur ce que la société infligeait aux élèves comme à moi. Tout me semblait poreux : les difficultés liées aux banlieues étaient là, à l'école. Les manques de l'Éducation nationale aussi. Au fil des années, j'ai fait de ma classe mon territoire : elle est toujours ballottée dans les eaux tourbillonnantes de notre époque, mais je n'en suis plus la passagère passive. J'ai repris la main. Quand on court au naufrage, j'y suis pour quelque chose.

Contre toute attente, c'est ce sentiment même de responsabilité qui m'a conduite à m'enfermer dans ma salle. Alors qu'on aurait pu penser que cette identification profonde à la fonction d'enseignante m'aurait menée à m'impliquer davantage dans les dimensions les plus collectives de l'enseignement, c'est le contraire qui s'est produit. Peu à peu, pour des raisons diverses (dont la principale, je crois, tient à mon caractère), je me suis retranchée. Avec un petit côté vieille dame à chats.

Il se pourrait pourtant que cette manière d'évoluer concerne quantité d'autres professeurs (j'en ai de nombreux témoignages) et ne résulte pas entièrement d'une situation précise, d'une mentalité ni d'un âge de la vie. Mais alors, de quoi provient-elle ?

Au-delà de mon cas personnel, c'est peut-être justement parce qu'on se sent responsable que l'on craint et fuit les atermoiements propres aux décisions collectives. Le sentiment de commencer à cerner la situation incline à redouter que cette maîtrise ne s'émousse et ne se dilue dans les fades compromis et les lieux communs. Ce qui est regrettable : un collège se doit d'être… collégial. Il y a là une difficulté réelle à surmonter.

Grandiloquence

Ce paradoxe, d'ailleurs, en cache un autre, plus déstabilisant encore, mais tout aussi révélateur : plus ma manière d'enseigner me paraît être en prise directe avec la culture et ce qui suscite chez les élèves l'envie de faire des efforts pour se l'approprier, plus j'ai le sentiment de m'éloigner des pratiques communes, des recommandations officielles, des manuels. Plus je me sens légitime dans ce que j'accomplis, moins je me sens légitime vis-à-vis de l'Institution. Plus je progresse, moins j'ai l'impression d'être dans les clous.

Comment interpréter cette perturbante contradiction ? Nous y reviendrons quand nous évoquerons plus en détail ce qu'est devenu le métier de professeur.

Il est un mot, affreusement grandiloquent, pour qualifier l'un des plaisirs que j'éprouve à ce stade de ma carrière : « virtuosité ». Oui, j'entends bien, c'est moyennement modeste comme terme. C'est même tout à fait grotesque. Je ne veux pas suggérer par là que je suis une professeure hors norme. Je doute encore quotidiennement. J'ai, comme au premier jour, des angoisses monumentales, je crains de mal faire et, souvent, j'ai raison. Il y a des choses dont je suis incapable ou pour lesquelles je suis médiocre. Par inaptitude, lassitude ou flemme. Et je rêve toujours d'être la professeure que je ne suis pas, qui aurait toutes les qualités que je n'ai pas.

Par « virtuosité », je veux dire, plus précisément, une capacité à avoir presque toujours une idée, une réponse, un truc pour tous les incidents ou événements qui se produisent en classe. Je n'ai plus besoin d'y penser ni d'entamer des démarches : cela vient tout seul. À force d'habitude, d'expérience, j'ai des « réflexes », un tour de main, une sorte d'agilité. Je ne redoute plus l'imprévu. Je l'accueille. Je l'espère, même : il m'amuse et me donne l'occasion d'imaginer, presque sans réfléchir, une réponse ou une solution. J'ai du métier, en somme.

Comme un martin-pêcheur

Je pense souvent au martin-pêcheur qui, pour attraper un poisson dans l'eau, rectifie de lui-même, sans que ce soit le résultat d'une opération mentale, les effets de la diffraction (c'est un vieux souvenir approximatif – il est possible que je dise n'importe quoi ; vu que je n'écris ni un traité de zoologie, ni une thèse d'éthologie, et que je suis un peu oublieuse des effets de l'eau sur la lumière, on comprendra que c'est surtout l'image qui compte). C'est assez miraculeux, cette manière d'agir qui ne « passe pas par la case cerveau ». Je me sens donc un peu comme cet oiseau : je réagis, j'ai le réflexe adéquat (enfin, souvent, pas toujours), sans même y penser.

Pour quitter le registre aviaire, je songe aussi à Brad Pitt et Angelina Jolie dans *Mr. et Mrs. Smith.* Tous deux sont des tueurs à gages ultra expérimentés et se le cachent l'un à l'autre, mais des réflexes les trahissent – par exemple, rattraper un objet qui tombe avant qu'il ne touche le sol. Leurs aptitudes sont ce qui me paraît ressembler le plus à ce que j'entends par la « virtuosité » en cours, en moins criminel et moins hollywoodien. Évidemment, ce n'est pas aussi impressionnant, mais c'est néanmoins essentiel : relier les accidents divers et le savoir confère au cours une unité et une efficacité qui l'inscrivent dans le quotidien des élèves.

Cette forme de réactivité intuitive est d'autant plus satisfaisante qu'elle n'est pas seulement le fruit de l'expérience ; elle résulte aussi de quelque chose que l'on a en soi dès le début. Une sorte de facilité pour le métier, même si l'on peine, rate, se trompe ou subit au commencement. Et plus tard aussi…

Le mitan

On comprendra qu'il faut être dans une phase assez agréable, voire assurée ou décomplexée du métier pour se permettre d'évoquer cette « virtuosité ». Après quasiment vingt-cinq ans passés dans les classes, je ne suis plus la jeune cogneuse des débuts, je ne suis plus la lessivée des années suivantes. Ni l'assagie des premiers temps de mon expérience parisienne. On voit, ici, le risque d'un destin pétrifié, celui d'une dame de l'éducation qui a enseigné des siècles au collège, fait partie du paysage et, à ce titre, devient comme par magie un peu sage. Celle à qui l'on offrira finalement un joujou institutionnel en remerciement de l'ensemble de sa carrière, l'œil ému et le cœur soulagé qu'elle dégage enfin.

4

Au-delà de l'École

Enfermée

Parfois je pense au film *Le Village*, de Night Shyamalan : des habitants qui ne quittent jamais leur petit hameau croient vivre dans un siècle reculé. Tout est fait pour les empêcher de s'aventurer au-delà des bois qui entourent le village. Ceux qui ont tenté de le faire l'ont payé cher : mort, blessures, disparition. Des créatures étranges leur barrent le passage.

Je me demande si je sais encore qu'un autre monde pourrait exister pour moi. Sans récré, sans élèves, sans sonnerie. Cette interrogation est d'autant plus paradoxale que je suis convaincue que la classe est une ouverture au monde sans pareille. Néanmoins, si quelqu'un me raconte qu'il a démissionné, c'est-à-dire – *horresco referens* – quitté DÉFINITIVEMENT l'Éducation nationale, j'ai le sentiment d'avoir en face de moi un pionnier, un navigateur des temps modernes, un explorateur intrépide : il l'a fait. Il a osé. Désormais, il sait ce qu'il y a au-delà du grand mur, là où des adultes vont travailler. Là où ils ont des fontaines à eau, de la moquette sur le sol, des toilettes propres et en nombre raisonnable, du silence, de l'air frais, parfois des canapés, des badges, des ascenseurs qui marchent, de la peinture qui ne s'écaille pas.

Dans ces moments-là, j'ai un petit accès de « et si, moi aussi… ? ». Je me risque, certes, bien souvent dans les plaines journalistiques en tant que chroniqueuse, ou je fais un tour dans l'édition et les médias. Mais je cours toujours me remettre à l'abri le plus vite possible en me répétant avec obstination « je suis prof, je suis prof, je suis prof », afin de m'apaiser. Je sais que ce sont des lieux dont on ne revient jamais. En tout cas, pas dans l'Éducation nationale. J'ai trop peur…

Le monde des adultes

J'ai pourtant fait de petites excursions quotidiennes dans de beaux et grands bureaux dotés de tout le confort moderne pour écrire ce livre (je l'ai en partie rédigé dans une maison d'édition sous l'œil amical de ma chère éditrice). J'avais le sentiment d'être un paysan qui arrive à la ville, Jacquouille la Fripouille dans *Les Visiteurs* ou Babar dans un grand magasin : la professeure, cet être rustique, s'émerveille devant la belle cuisine, caresse le sol douillet, joue avec son badge, va aux toilettes quand elle le souhaite. Elle découvre qu'on peut travailler dans le silence et la fraîcheur. Elle reste muette devant la beauté du restaurant d'entreprise.

Elle sent aussi à quel point adultes comme enfants sont mal installés, mal traités, mal accueillis dans un collège. L'inconfort ne semble pas être un aléa de l'enseignement, mais le résultat d'un dessein concerté : on n'est pas là pour vivre, mais pour apprendre ; on est un esprit, pas un corps. Il y a comme une détestation du confort, du bien-être et de l'accueil.

Il n'est pas étonnant, à cet égard, que tout le monde, dès que la sonnerie de la dernière heure de cours retentit, se rue vers la porte et s'échappe. Cette situation est d'autant plus surprenante qu'elle est une forme de contresens : il faut lire les magnifiques pages que Ferdinand Buisson consacre à l'architecture scolaire et à l'agencement des classes dans son *Dictionnaire*. Tout est pensé : l'arrivée de la lumière, la forme des sièges, l'hygiène, la salubrité des pièces. Cet état des lieux actuel n'est donc pas une fatalité, mais la conséquence d'un laisser-aller qui feint d'être une manifestation d'austérité. Il ne symbolise que trop bien la manière dont personnels et élèves sont considérés dans l'Éducation nationale : comme les dernières variables d'ajustement, voire comme quantité négligeable.

Enfin, enseigner, ce n'est pas remplir un questionnaire pour TripAdvisor… Et quand on est professeur, on peut faire des choses qui ne seraient tolérées nulle part ailleurs – j'entends par là des choses légales, comme être infantile, taper du poing sur la table, mettre dehors un élève, etc. Mais on tolère aussi ce que peu, dans une entreprise un tantinet agréable, pourraient tolérer.

Une récente soif de pouvoir

Sur un coup de tête, moi qui avais toujours pris soin de limiter mes fonctions dans l'Éducation nationale pour m'en tenir à la classe, j'ai accepté une tâche d'importance : être coordinatrice de correction du brevet. Du jour au lendemain, je me suis retrouvée, donc, avec un pouvoir considérable.

Il m'a d'abord fallu me rendre dans un établissement scolaire pour une réunion organisée par l'Inspection (oui, j'étais désormais, pour quelques heures, aux frontières de l'Olympe) lors de laquelle on nous a exposé les consignes pour corriger les copies d'histoire, géographie, enseignement moral et civique.

Un non-initié pourrait croire qu'il s'agit d'un exercice simple : écouter, puis transmettre aux correcteurs. Ce serait ignorer que, pour ma part, je suis incapable de me concentrer pendant plus de sept minutes trente lors d'une réunion ; là, au nom de notre sainte et belle Institution, j'ai réussi à tenir trois heures douze. Ce serait aussi occulter le fait que l'observation d'un groupe d'adultes suscite chez moi des envies puissantes de parodie et de sarcasme ; là encore, je n'ai été que premier degré, professionnalisme et neutralité axiologique. Ce serait enfin oublier que les consignes de correction sont souvent des chefs-d'œuvre d'humour, de l'alambiqué à la bienveillance comique mais aussi, parfois, à la rigueur absolue et impitoyable. Mais j'ai été d'une équanimité totale. Soumise à de nombreuses tentations, j'ai triomphé.

Le plus difficile restait cependant à venir : annoncer la teneur des consignes à des confrères qui pourraient s'en émouvoir et se révolter, vous considérant comme une sorte de collabo pour avoir accepté de les transmettre… ce qui ne les rendrait pas particulièrement aimables à votre endroit. Autant dire que, la veille de ce grand jour, je n'étais pas tranquille et regrettais de m'être lancée dans une aventure aussi périlleuse.

Le matin, en arrivant au centre de corrections – un peu en avance, comme ma nouvelle responsabilité l'exigeait –, j'ai procédé à quelques vérifications de type Seveso 3 : évaluer la qualité des chouquettes, comprendre le fonctionnement de la machine à café à double soupape, pression axiale et moulinet d'ouverture à triple entrée, m'assurer que tous les correcteurs étaient présents (en cas de problème, j'avais l'honneur de pouvoir appeler un 06 hautement hiérarchique pour demander de l'aide) et assister à la distribution des copies à la manière d'un huissier télévisuel. Évidemment, vu l'ampleur de la tâche, j'étais dispensée de correction.

Assise derrière un bureau, j'ai donc expliqué à des professeurs – des adultes – comment corriger leurs copies. Ce pouvoir soudain m'a occasionné des vertiges et procuré une décharge d'adrénaline. Maniant humour et fermeté, loyauté et complicité, j'ai réussi un sans-faute : il n'y eut ni révolution ni débat interminable sur la possibilité d'accorder un demi-point à un élève qui, à une question sur les dates importantes du XXe siècle, aurait répondu en donnant la date de naissance de sa mère. J'en suis sortie grisée. J'étais faite pour cet exercice ardu qui, malheureusement, ne dure que vingt minutes par an.

Ce n'était qu'un début. Ma journée bœuf-carottes réservait encore son lot de surprises : une jeune collègue est venue pieusement au bureau me demander si elle devait, à telle ou telle réponse, mettre un ou deux points. Ses yeux étaient pleins de confiance et d'attente. J'ai laissé planer un bref silence, faisant semblant de réfléchir (je n'en pensais rien et n'en savais pas plus qu'elle), avant de lâcher : « Plutôt un point et demi, je crois. Mais enfin, ce n'est que mon avis. » J'avais envie d'ajouter : « Tu es la seule, l'unique auteure de ta correction, je ne peux que te guider dans cette épreuve, mais sache que la décision te revient. » Je m'en suis abstenue : j'avais peur que cela n'attire l'attention sur mon imposture.

Bref, elle m'a remerciée et là, soudain, j'ai vu défiler devant mes yeux Saint Louis, le chêne, Salomon et son glaive docimologique : bordel, contre toute attente, le pouvoir, je veux dire le vrai, avec des adultes, j'avais ça dans le sang ! J'étais galvanisée. J'alternais entre signes d'encouragement et propositions de café : je me devais de prendre soin de « mes » correcteurs. Des petites remarques guillerettes me permettaient par ailleurs de ramener dans le chemin du travail ceux qui se laissaient aller aux bavardages.

Malheureusement, une telle responsabilité n'est pas sans revers : un collègue multipliait les pauses, annotait chaque devoir avec une lenteur étudiée, avait le rythme d'un moine copiste. J'allais devoir rester tard ou, pire, revenir le lendemain : je me suis donc emparée de ses copies et j'en ai corrigé une bonne partie. Cela m'a contrariée, mais j'ai aussi pu mesurer combien j'étais encore une femme de terrain. Simple.

Dès le lendemain, je rentrais dans le rang et revenais à mes fonctions premières. Il n'y eut pas, malgré mon triomphe, d'enchaînement vertigineux du type formatrice, animatrice de stage, inspectrice et enfin ministre. Peu importe, j'ai su que j'étais capable de sortir de la classe et de dispenser des consignes sur la manière de noter la question 4 de la troisième partie du sujet. Ce n'était pas spectaculaire, mais c'était un signe de bonne santé pédagogique et institutionnelle.

Deuxième partie

Le retour de l'Histoire

5

Nidification

« Exceptionnelle »

Un beau jour, j'ai reçu un cadeau institutionnel : j'ai été nommée « professeure de classe exceptionnelle » (on est tout d'abord, dans la carrière, professeur de classe normale, puis hors-classe et enfin, parfois, au bout du bout, de cette classe-là ; cela n'impacte que notre salaire) Il ne faut pas trop prendre au sérieux cette appellation : la « promotion » est en grande partie due au temps que j'ai passé en ZEP. Elle ne dit pas grand-chose de mon travail ni de mes qualités potentielles. Et pourtant, pour des raisons qui m'échappent, j'ai pris le mot au sérieux. Et même de travers : ce n'était plus la classe qui était exceptionnelle, mais l'enseignant (moi, donc). Ce léger glissement s'est opéré subtilement. Par « exceptionnelle », je n'entendais pas que j'étais géniale ni formidable, mais que j'avais un truc à moi, particulier. Cette nuance atténue quelque peu la teneur mégalomaniaque et autosatisfaite de l'affaire.

« Exceptionnelle » ? Je suis allée au fond du concept. Je me suis sentie libre, délestée. J'ai assumé une forme de singularité. Cela s'est traduit de diverses manières. La plus spectaculaire a été la décoration de ma salle avec les élèves.

Dès mes plus jeunes années, j'ai été fascinée par un livre russe intitulé *Maroussia*. C'était un livre illustré par des photographies en noir et blanc. Il appartenait à ma mère et, de toute évidence, avait participé de la propagande soviétique dans les années 1950. Il raconte l'histoire d'une petite fille russe qui va à l'école. Une image m'a énormément marquée, enfant : celle où la jeune élève doit ranger la salle de classe et en arroser les plantes. J'ai toujours vu dans ce cliché un instant de bonheur, d'harmonie et d'idéal. Un moment exceptionnel, donc. Cette photo ne me quitte pas, et je crois qu'elle est étrangement devenue pour moi un but à atteindre.

À cet égard, les plantes en pot sur mon bureau ont été une tentative ratée : une élève au premier rang était allergique au pollen (sous Staline, les allergies étaient sans doute moins tolérées). Je les ai alors posées sur une table, on aurait dit une pierre tombale. Ce qui, étonnamment, m'a été très utile : lors d'un entraînement à l'oral, ce décor mortuaire a permis à un élève de surmonter sa timidité pour imaginer un sublime éloge funèbre à Ronaldo. Ce discours, d'ailleurs, nous a presque tiré des larmes. Les plantes ont donc joué un rôle important.

Et puis, peu importe cet échec : ce qui me plaisait dans *Maroussia*, c'était davantage le côté tâches dévolues aux élèves. Par roulement. Un peu à la manière des tours de vaisselle ou de ménage.

Komsomolisation

J'ai donc entrepris deux chantiers simultanés. Le premier consistait à ranger de fond en comble un vieux cabinet d'histoire rempli de vieilleries, de manuels vétérotestamentaires, de cartes plus sublimes et plus datées les unes que les autres. Nous avons évolué dans la poussière, porté des choses lourdes, déplacé des tonnes de papiers, de livres. Exhumé des diapositives et leur projecteur : la séance diapo, entre deux cours, a moins ressemblé aux terribles retours de vacances de mon enfance, où l'on subissait la vie des autres projetée sur le mur d'un salon, qu'à Proust ou Fanny et Alexandre fascinés par une lanterne magique.

Chaque élève s'est vu gratifier d'une diapositive, objet sacré qu'il a reçu comme s'il s'agissait d'un bon point ou d'une image : ici une noria en Algérie, là un bidule calcaire en montagne, là encore une scène d'adoubement aux couleurs passées. Dans un élan de générosité, j'ai aussi offert des VHS : le plus beau cadeau du monde selon certains, un objet « à chérir toute sa vie » aux yeux d'un de mes élèves.

Dans ce moment de rangement et d'efforts se sont installées une cohésion, une confiance, une liberté et une entraide que nous ne connaissons que trop peu. On imagine des sorties « escape game » ou « course d'orientation » pour fédérer une classe ; faire du rangement, ce n'est pas mal non plus.

Dans la foulée – second chantier –, j'ai décidé d'enrôler les élèves pour m'aider à décorer ma salle. Nous avons découpé de vieux manuels et recouvert les armoires de la classe d'images et de textes ; des diapositives ont été collées sur un mur. De vastes cartes, dont une de l'URSS (étrangement pratique quand il s'est agi de faire cours sur la guerre en Ukraine), ont été accrochées. J'ai aligné des mini-statuettes faussement romaines, ajouté des chromos, des autocollants. Nous avons fait tout cela progressivement et fort ponctuellement – lors de moments de fatigue ou entre deux cours essentiels.

Jamais auparavant je n'aurais osé consacrer une heure d'enseignement à autre chose qu'au travail scolaire. Mais est-ce si grave ? Encore une fois, cette entreprise nous a rapprochés. Mieux, les élèves se sont approprié la salle, l'ont aimée, entretenue. Quand il s'est agi, ensuite, de balayer le sol, tout le monde était volontaire. Dans ce décor chaleureux et foutraque, nous avons travaillé avec entrain.

Certes, pour un observateur extérieur, le lieu ressemblerait plutôt à un musée d'art brut, à un temple du kitsch, au palais du Facteur Cheval ou, soyons francs, à la salle d'arts plastiques d'un hôpital psychiatrique ultra sécurisé. Je dois reconnaître qu'il y a une forme de dinguerie dans le résultat, aussi inquiétant qu'amusant. Je ne sais pas si j'assume : je ne peux nier qu'il y ait beaucoup de moi dans cette affaire. Alors que j'ai souvent envie de changer de collège, l'idée d'abandonner cette « installation » me retient de partir. Tout se passe comme si je faisais corps avec le lieu, comme si j'avais « nidifié ». Enfin, on n'est pas tout à fait dans un livre de Stephen King ni dans *Psychose*, cela va encore. Mais c'est un peu étrange. La salle s'est transformée en une sorte d'antre. Et j'ignore si ce terme peut vraiment avoir des connotations positives.

Le cadre

Cette entreprise de décoration, je l'ai compris ensuite, ne peut cependant pas se résumer à un caprice, à un symptôme ni à un agréable mais anecdotique moment. Voilà qui nous ramène à la question des locaux dans lesquels nous passons nos journées, ces lieux un peu impersonnels que nous n'investissons pas ou presque pas. Évidemment, les salles de sciences ont des paillasses, celles d'histoire des cartes et celles de langues des images de pays étrangers. Néanmoins, les lieux qui nous accueillent restent trop souvent les oubliés de la culture : ils sont, dans le meilleur des cas, fonctionnels et souvent vétustes.

Vider et ranger un cabinet d'histoire avec mes élèves, c'était, par ailleurs, faire de manière très légère et libre un travail documentaire, opérer une plongée dans des archives scolaires poussiéreuses. En retrouvant des affiches Canson, d'anciens cahiers et de vieux manuels, témoignages des conditions d'enseignement qui ont précédé nos élèves d'aujourd'hui, nous avons fait de l'histoire en acte sur un sujet qu'ils connaissent par cœur : leur collège. Ici, ils en ont exploré les coulisses (enfin, une toute petite partie). Ce n'est pas anodin, à une époque où l'on encourage à former l'autonomie du jugement critique de chacun, de les laisser accéder aux documents eux-mêmes, à quelques sources plus ou moins récentes.

La nostalgie d'un monde qu'ils n'ont pas connu s'est même manifestée : les projecteurs de diapositives, c'était quand même autre chose que les vidéoprojecteurs d'aujourd'hui.

Ainsi tout était-il tranquille et rassurant. Mais l'Histoire m'a poussée à délaisser ce type d'enfermement et d'agréable retranchement. Sous deux formes : celle d'une épidémie mondiale d'abord, et celle ensuite, monstrueusement violente, d'un attentat terroriste islamiste qui a coûté la vie à un collègue, Samuel Paty.

6

Pandémie

La classe virtuelle comme dévoilement

On aurait tort de considérer le confinement et l'enseignement à distance comme une simple parenthèse aujourd'hui totalement refermée. Évidemment, et comme toujours, les « rien ne sera plus jamais comme avant », les professions de foi selon lesquelles « les liens tissés durant cette période difficile ne seront jamais dénoués et l'avenir sera tout autre » n'ont pas tenu leurs promesses.

Un an après, avec les élèves, nous parlions de cette période sur un ton complice et avec un lyrisme déjà un peu pâli : il faut dire que le reconfinement était imminent. Nous avions nos clins d'œil entendus, nos « private jokes ». L'année suivante, un élève avait même oublié qu'il m'avait eue comme prof « cette année-là ». Tout ne s'est pas estompé, loin de là, mais, comme d'habitude, nous nous sommes tous remis sagement sur nos rails pour reprendre notre travail quotidien. Néanmoins, un aspect important a changé : le télé-enseignement a ramené à la surface quantité de choses jusque-là enfouies ou négligées qui m'ont semblé fondamentales.

Au grand jour

Rappelons rapidement comment cela a commencé. En mars 2020, en quelques heures, nous avons, pandémie oblige, basculé dans un nouveau type d'enseignement. Ce fut brutal. On n'y croyait pas. On l'espérait sans s'y attendre. La tension était immense et la fatigue, pour certains, déjà présente. Pour ma part, j'ai eu le Covid la veille du confinement ; je n'ai donc pas eu le temps d'exprimer mes dernières volontés ni d'aller chercher mes affaires.

Si, aujourd'hui, ce sont les effets les plus négatifs du confinement qui ont légitimement marqué notre mémoire collective, ils ne doivent pas occulter ce qu'il a eu de fécond. Ce ne sont pas des éléments cachés qui ont été mis en lumière, mais bien plutôt des dimensions de la vie éducative que l'on considère en général comme marginales. À cette occasion, leur importance primordiale a été propulsée sur le devant de la scène.

Un peu comme les fouilles archéologiques de sauvetage ou la médecine de guerre, l'enseignement d'urgence, hors collège, a agi comme un immense révélateur, donné lieu à des scènes inédites et livré des images sans fioritures, parfois spectaculaires. Un constat à nuancer à l'occasion, avec un peu de recul, mais souvent sans appel. Et sans grille d'interprétation préétablie : le cadre idéologique pour comprendre cette situation extraordinaire n'était pas prêt à l'avance ; toute tentative pour se référer de manière réflexe à tel ou tel prisme obligé, pour se rallier à un camp prédéfini, était vouée à l'échec ou au ridicule. On pouvait trouver que le ministre faisait mal (tellement mal...), mais il était impossible de prétendre qu'il le faisait exprès ni qu'il poursuivait des desseins cachés en vue d'anéantir notre travail.

Résumons en quelques points les apports de ce moment historique. Nous développerons ensuite plus longuement les éléments présentés ici de manière un peu abrupte.

- L'enseignement à distance a remis au premier plan, pour les élèves comme pour les professeurs, ce qui fait l'essentiel de la transmission. Dans la mesure où plus rien n'allait de soi, il a fallu que chacun s'efforce, par des moyens divers et hétéroclites, de redonner une légitimité aux savoirs concernés.
- Ce fut, dans cette perspective, une source d'innovation continue et visible *pour tous* (enseignants, élèves, parents).
- Compte tenu de la situation, cette innovation continue n'était possible que si le professeur

montrait le lien personnel qu'il entretenait avec la culture transmise. Parce que le contexte était plus intime (nous étions tous dans notre décor familial) et que, dans ces conditions, il n'y avait pas de meilleur moyen pour être convaincant. Parce que tout ce qui soutenait d'ordinaire notre enseignement (les rituels, l'établissement, l'emploi du temps, l'habitude) avait disparu, il a fallu recréer un cadre avec les outils à notre disposition.

Ce fut une entreprise collective, pour une fois authentique, sans la dimension artificielle du sacro-saint « travail de groupe » (un élève qui bosse, deux qui parlent, beaucoup de bruit et des tables à remettre en ordre en fin de cours). Parce qu'elle était élaborée pas à pas, chacun, adultes comme adolescents, y a contribué en se servant de tout ce qu'il avait à portée de main. Assignés à résidence dans nos appartements, nous avons pioché dans ce qui nous était le plus personnel, à la manière d'un Robinson recréant la société sur son île déserte avec ce qu'il trouve ici ou là. Dans la mesure où chacun y a mis beaucoup de soi, cette classe éphémère et bricolée a suscité une forme d'attachement général. Pour les mêmes raisons, la situation a permis aux élèves de faire le lien entre leurs représentations spontanées (ils étaient chez eux, dans leur élément) et l'enrichissement intellectuel que leur apportaient les connaissances, les moyens d'expression, les questionnements nouveaux qu'ils s'appropriaient.

De surcroît, ils prenaient conscience de la finalité des démarches en voyant les professeurs tâtonner, rectifier d'une fois sur l'autre, échouer ou réussir en direct. De son côté, l'enseignant pouvait mieux observer la manière de travailler de chaque élève, obligé de s'adapter à un contexte totalement nouveau et déstabilisant, et mesurer les intentions qu'il mettait dans son travail. Si l'on évoque, à juste titre, le nombre considérable d'enfants qui ont décroché, découragés ou perturbés par le télé-enseignement, ou tout simplement privés des moyens techniques d'y participer (absence d'ordinateur ou de téléphone, manque de place), il reste que certains élèves qui étaient totalement perdus au sein de la classe en « présentiel » ont étrangement repris en main leur scolarité, sous la tutelle de leurs parents, évidemment.

Ce type d'enseignement, à distance, débarrassé de ses oripeaux habituels (les artifices construits par la tradition, les rituels, les règlements, les mœurs collégiennes), qui détournent souvent du but principal (éduquer et instruire), s'est comme recentré sur ses missions initiales. Il n'était plus piraté par l'habitude, la routine, les réflexes conditionnés. Dépouillé et non soutenu par ses étais traditionnels, il contraignait chacun à être plus sincère, investi, à s'approprier ce qui était enseigné pour mieux « faire son affaire » de ce qu'il apprenait.

Il y eut même une réelle fierté, chez quelques élèves, souvent les plus en difficulté, à montrer en temps réel à leurs parents ce qu'ils étaient capables de comprendre, d'étudier et d'assimiler. Nombre de familles m'ont écrit pour me faire part de leur surprise devant la curiosité ou les connaissances de leur propre enfant.

Les élèves ne pouvant plus sortir ni se réunir avec leurs camarades, l'univers scolaire s'est globalement réduit à la classe virtuelle : ainsi médiatisé, il se muait alors en domaine personnel des adolescents, au sein d'une sphère familiale refermée sur elle-même.

Des débuts incertains

Il n'était pourtant nullement assuré que ce long tunnel ne se révélerait pas finalement avoir été du temps perdu. L'enseignement à distance a plutôt mal commencé. Chacun était rentré chez soi avec quelques affaires récupérées en toute urgence. Dans la plus grande désorganisation et improvisation, nous dûmes apprendre, pour les professeurs, à faire cours à distance et, pour les élèves, à suivre un enseignement depuis chez eux dans des conditions souvent difficiles. Il y eut de grands moments de désarroi, des crises de nerfs, des bugs en série. Il y eut aussi le virus lui-même : malade, j'ai dû affronter ce nouveau type d'instruction dans un état de fatigue aggravé qui s'est maintenu pendant de nombreux mois. Tout le monde était conscient, dans ce contexte particulier, que le principal danger était que les élèves se déconnectent et que les inégalités scolaires, déjà terribles, se creusent. L'état psychologique de ces adolescents enfermés chez eux dans de plus ou moins bonnes conditions, coupés de leurs pairs et de leur vie au grand air, était aussi une source majeure de préoccupation.

Par où commencer si l'on souhaite analyser le foisonnement propre à ces conditions inédites d'enseignement ?

Décrochages

Il y eut tout d'abord, paradoxalement, ce que l'on ne vit pas, notamment des élèves dont on n'eut plus de nouvelles dès la première minute du confinement ou qui décrochèrent au fil des jours pour des raisons diverses. De toute évidence décrochaient-ils déjà de l'intérieur quand nous étions en classe. Nous nous accommodions sans doute avec un peu trop d'aisance de leur présence silencieuse ou révoltée. Désormais, ils n'étaient plus là. Pour une fois, si l'entreprise était compliquée, il fallait faire simple :

aller les chercher, les faire venir, ne pas les perdre. Et user, à distance, de toutes les méthodes de persuasion possibles. C'était opiniâtre, décourageant, mais parfois réussi. Parmi les personnels, certains s'attelèrent à cette tâche, notamment les CPE (conseillers principaux d'éducation), mais pas tous. La place vide laissée par ces élèves perdus en émut certains, d'autres moins. À cet égard, la puissance de dévoilement de cette situation se manifesta à plein : les uns montrèrent un engagement radical afin de ramener les élèves dans la classe virtuelle par tous les moyens imaginables, même les plus triviaux (je parle là de saine démagogie, évidemment), les autres firent leur travail tout aussi sérieusement, plus parfois, dans la mesure du possible et dans la continuité du cadre ou, du moins, des relations qui étaient auparavant notre quotidien.

Ce qui était d'ordinaire flou ou implicite devenait crucial : il n'était plus possible de faire semblant de ne pas voir que des élèves étaient en voie de décrochage ou totalement absents et, dans tous les sens du terme, déconnectés. Au moment du retour en classe, ce décrochage, chez certains élèves, s'est accentué. Ce fléau est désormais flagrant : non seulement davantage d'élèves sont concernés, mais ils ne font même plus mine de participer ni de s'impliquer. Ce sont des élèves mutiques, parfois prostrés, qu'on ne parvient pas à aller chercher. Ils sont par ailleurs charmants, gentils, intéressés par quantité de choses, mais en cours ils ne donnent plus le change. Est-ce une conséquence du confinement ? L'enseignement à distance a-t-il fait sauter un verrou chez ces enfants très jeunes ? J'ai tendance à le penser. La situation est sinistre, mais elle a le mérite d'être si criante qu'on ne peut plus l'ignorer et ne pas s'en alarmer. Le nombre d'élèves qui vont mal, qui dorment peu, qui ne travaillent plus et peinent à maintenir leur attention a ainsi considérablement augmenté. C'est dû à quantité de causes, évidemment : les écrans, l'anxiété, le contexte international, les difficultés économiques. La souffrance des enfants n'est pas nouvelle ; leur perte de vitalité l'est davantage.

Des conceptions du métier

Ces mois de confinement furent ainsi une pierre de touche : chaque professeur révéla au grand jour, aux autres ainsi qu'à lui-même, sa conception du métier et l'idée qu'il se faisait du lien qu'il souhaitait entretenir avec ses élèves, loin des débats éducatifs qui, d'ordinaire, occupent le terrain. Les nouvelles conditions rendirent ce phénomène presque inévitable : d'une part, à l'occasion d'une abondante correspondance électronique entre parents, élèves et enseignants qui mit en exergue la question du lien entre nous tous ; de l'autre, au sein des cours virtuels, où il s'agissait, avec les moyens du bord et le handicap de la distance, de « recréer » la classe à nouveaux frais.

Pour ma part, j'ai beaucoup appris sur la manière dont j'envisageais mon métier, souvent à ma plus grande surprise. J'ai en quelque sorte bénéficié d'un moment de réflexion et de mise au point qui m'a prouvé que je n'étais pas tout à fait la professeure que j'avais imaginée. En tentant de transposer virtuellement ce que je faisais au sein de la classe en temps normal, j'ai pu identifier des éléments de ma « pratique » qui m'étaient inconnus parce que impensés, intuitifs ou spontanés.

Les coulisses

Le professeur, en effet, a dû réinventer sa manière d'enseigner, au fil des jours, en public, dans un cadre qu'il ne maîtrisait pas, de sorte que les élèves pouvaient repérer ses intentions, ses doutes, quand, d'ordinaire, ils se fient aux usages et traditions. En règle générale, lorsqu'ils sont en classe, les élèves se posent assez peu de questions sur les coulisses de la préparation d'un cours. Ils ont tendance à considérer que le professeur, être tout entier d'étoffe scolaire, ne vivant, ne pensant, ne respirant que pour son enseignement, se contente d'appliquer des recettes ou des méthodes immuables au cours de sa carrière.

Dans l'enseignement à distance, au contraire, ils ont pu assister, parfois médusés, souvent amusés, au déchirement du voile qui recouvre pudiquement nos « pratiques ». Ils nous ont vus nous débattre, changer d'idée, nous planter, créer le cours en direct, avoir une illumination, improviser, corriger le tir si nécessaire, nous reprendre d'un jour sur l'autre : autant de choses qui constituent notre quotidien mais qui restent bien cachées dans notre chaudron pédagogique. Ils ont pu découvrir le sens que chacun d'entre nous mettait dans son enseignement, aussi bien du point de vue des contenus culturels et des éléments de programme que de la recherche des moyens les plus adéquats pour les transmettre dans ces circonstances inhabituelles.

Le mélange privé-public inhérent au télétravail a montré des facettes de l'élève qui nous échappaient ou que nous préférions oublier. Chacun a pu avoir une image plus précise de ce que faisaient les autres (collègues, camarades, élèves, professeurs) et ainsi accéder à une vue globale aussi rare que précieuse des situations d'enseignement et des efforts de tous.

De fait, au sein d'une classe le plus souvent surchargée, il a toujours été très difficile pour l'enseignant, quelque mal qu'il se donne, de repérer les démarches et les représentations de chaque élève en fonction de son humeur, de sa personnalité, de ses connaissances et aptitudes, lors du travail accompli. Cette dimension de l'enseignement nous reste le plus souvent invisible.

Or ce sont tous ces tâtonnements qui sont apparus au grand jour dans le télé-enseignement, se manifestant à la fois de manière globale et dans des détails aussi émouvants que drôles… ou exaspérants.

Making of

À titre d'exemple, ces trois petites vidéos envoyées par une élève de sixième durant le confinement. Elle s'est filmée en « time lapse » en train de faire ses devoirs. C'est une pratique à la mode. Elle a assorti son œuvre d'une musique charmante, digne d'une émission de relooking ou d'amour dans les prés. À vitesse rapide, on la voit travailler, chercher du matériel dans sa trousse, parler avec sa mère qui fait du rangement, se remettre au travail, rectifier un croquis, écrire, faire une pause. Puis elle montre à l'objectif son travail terminé sur son cahier. Et sourit. Adorablement.

Ce sont les codes de la youtubeuse et c'est inspiré des « gongbangs », cette tendance qui consiste à se filmer en train de réviser. Mais en bien plus riche : cette élève m'a donné un aperçu personnel, en suivant les codes de sa génération, de ce qui reste en général caché au professeur, à savoir le travail à la maison, hors cadre scolaire. Évidemment, il est facile de s'en faire une idée globale, et il n'y aura pas de révélation à l'écran. On imagine aisément aussi les allers-retours vers le frigo, la consultation du téléphone, les mille occupations parallèles pour rendre la tâche moins pénible (toute ressemblance avec un professeur devant ses paquets de copies serait fortuite). Ce qui est vraiment intéressant, ce n'est pas tant ce qui est filmé que les intentions qui ont motivé cet envoi. Dans ce mélange inédit des sphères domestique et scolaire, dans cette période confuse où tout était un peu brouillé (la famille, l'École, la chambre, la classe), cette élève a senti qu'il était pertinent de me donner accès à la représentation de ce moment, comme pour parfaire ma collection de nouvelles images et de nouveaux regards.

Car des nouveaux regards, il y en eut. À foison. L'écran de la classe virtuelle me permettait de voir mes élèves, qui se voyaient les uns les autres, qui se voyaient se voir et se voyaient eux-mêmes. Tout en me voyant les voir et me voir (on ne parlera jamais assez des impératifs tragiques propres au maquillage spécial Web-enseignement, ni des affres du professeur en gros plan, avec cernes et rougeurs léguées par le Covid). Il y avait aussi le regard dissimulé des parents, hors cadre, dont on devinait la présence, suggérée par une ombre, un geste ou le coup d'œil d'un élève dans leur direction.

Quand en classe l'image est partielle mais globale, ici elle était fragmentée mais totale. C'était un aperçu d'une « situation d'enseignement » qui m'avait jusque-là échappé.

Cela m'a fait penser aux *Ménines* de Vélasquez, avec leur jeu de miroirs, d'ouvertures, de reflets. À propos de ce célèbre tableau, Foucault évoquait, dans *Les Mots et les Choses* (Gallimard, 1966), « un réseau complexe d'incertitudes, d'échanges et d'esquives », une œuvre dans laquelle « le spectateur et le modèle inversent leur rôle à l'infini ». Cette peinture serait « comme la représentation de la représentation classique, et la définition de l'espace qu'elle ouvre. Elle entreprend en effet de s'y représenter en tous ses éléments, avec ses images, les regards auxquels elle s'offre, les visages qu'elle rend visibles, les gestes qui la font naître ». Avec « un vide essentiel [...] : la disparition nécessaire de ce qui la fonde ».

On pourrait aussi voir, sur l'écran de la classe virtuelle, une forme de *représentation* foisonnante, dynamique, confuse de la *représentation* du savoir en train d'être transmis et reçu. Mais à la place vide du fondement de la *représentation classique*, c'est le cœur même de l'enseignement qui se dévoile ici aux élèves.

À cet égard, tout se passe comme si l'inconscient des relations pédagogiques s'était révélé de manière plus ou moins implicite à la conscience de chacun et devenait la source vive du travail scolaire. Mieux même, il apparaissait avec évidence que là résidaient son moteur principal et la source majeure de son efficacité. Ce constat s'accompagne d'un sentiment de consternation : d'où vient que ces dimensions essentielles soient d'ordinaire si peu centrales et que le fonctionnement scolaire qui est le nôtre nous en tienne si éloignés ?

Écrire et s'écrire

Un autre fait marquant de cette période fut l'ample correspondance entre professeurs, élèves et parents qui s'est tissée au fil des jours. L'enjeu était double : d'une part, le développement de liens personnels et particuliers entre l'enseignant et chaque élève – ils allaient de la complicité à la responsabilité *via* le moment d'engueulade, relevaient de la sphère sociale, scolaire et affective ; d'autre part, l'écrit. Chacun, et au premier chef, bien sûr, les élèves, a dû acquérir la maîtrise des moyens d'expression idoines dans ces circonstances et s'adapter au ton employé par ses divers interlocuteurs. Ces échanges constitueraient, pour qui s'y intéresserait, une incroyable somme documentaire.

Si tous les enseignants ont ressenti l'obligation de faire travailler les élèves, certains ont, de plus, considéré qu'il était de leur responsabilité de les soutenir moralement dans une période difficile. Quelques professeurs s'en sont tenus à envoyer des devoirs, puis la correction, sans plus d'échanges. Ils écrivaient des courriels laconiques et informatifs, quand d'autres y mettaient les formes, voire du cœur et du sentiment. La « continuité pédagogique » eut quantité d'acceptions différentes. Une certaine idée de la fonction et des missions était ainsi en jeu.

Les élèves l'ont bien compris. Ils se sont d'abord appuyés sur la conception globale qu'ils se faisaient d'une correspondance avec un professeur : il y eut des courriels vides accompagnés de leur travail en pièce jointe, des « ok » en guise de réponse. Il s'agissait d'être efficace, à la manière dont on rend une copie à la fin d'une interro. Ils se sont ensuite adaptés à leur professeur-interlocuteur et, deux mois plus tard, ils n'avaient rien à envier à Choderlos de Laclos ; les « respectueusement », « prenez soin des vôtres », « très chère madame », « je me permets de vous déranger » étaient de mise. Il y eut des confidences, des plaisanteries, des déclarations, des moments de révolte et de la complicité. Autant de réactions possibles dans ce cadre à la fois intime, non prédéfini et déstabilisant ; autant de choses moins évidentes, pour beaucoup, au sein d'un groupe ou d'une salle de classe. Le télé-enseignement fut un immense moment épistolaire à l'ancienne, mais avec un ton neuf.

La rédaction de ces messages aura peut-être plus appris aux enfants que le reste du travail donné. Quand ils sont si intimidés, le plus souvent, par l'écriture scolaire, tellement désabusés d'avoir à écrire un paragraphe qu'ils oscillent entre le style le plus relâché et un langage formel maladroit, il y eut ici comme une parenthèse de liberté, absolument pas débridée, toujours encadrée par l'idée que se faisait l'élève de la manière dont il devait s'adresser à un professeur.

Les élèves ont ainsi évolué : ils ont su donner une forme à la fois libre et académique, personnelle et scolaire à ces échanges qui se faisaient de plus en plus nombreux, chaleureux et pertinents. Le guindé et le protocolaire, si plébiscités dans l'Éducation nationale, eurent du plomb dans l'aile. Évidemment, je parle d'élèves en majorité dotés d'outils informatiques : je n'oublie pas la fracture numérique ni la quantité considérable d'enfants qui n'ont pas pu accéder à ces classes virtuelles faute d'espace, de moyens, d'aide parentale, etc. Je ne perds pas de vue non plus que ces avancées restent une pépite heureuse dans un contexte qui a davantage aggravé les inégalités scolaires que profité, de manière générale, aux élèves.

On pourra me rétorquer qu'il n'y a rien là de bien nouveau et que l'on trouve dans les pédagogies autrefois dites « nouvelles », chez Freinet notamment, le souci de confronter les élèves à l'écriture via des supports divers, comme les journaux scolaires. Pour avoir coanimé un blog d'élèves pendant quelques années, j'ai en effet pu mesurer à quel point cet outil leur permettait d'exprimer des choses rarement évoquées dans le cadre scolaire (l'ennui, le découragement, les joies quotidiennes, la peur, la triche, l'amitié, l'admiration…) de manière à la fois personnelle et susceptible d'être accueillie par un public parfois plus large que celui de l'établissement. Mais il y a ici une différence majeure avec la « correspondance en temps de confinement » : sur les espaces d'écriture et de liberté offerts aux élèves dans le cadre scolaire, il reste toujours le poids de la « publication », les artifices stylistiques, la perspective d'être relu et corrigé par un adulte. Il s'agit donc d'une opportunité et d'une ouverture réelles mais limitées, comme il se doit, d'ailleurs, dans un espace institutionnel.

Dans les échanges à l'ère du Covid, ce qui est en jeu, c'est l'appropriation personnelle directe par chaque élève du travail scolaire et de la relation avec le professeur. Pour peu que l'enseignant et l'élève investissent l'échange, dans les limites du raisonnable et du rôle de chacun, cela va sans dire, l'adolescent est nécessairement poussé à trouver le meilleur moyen pour faire passer ses attentes, ses découragements, ses interprétations, ses doutes ou ses peurs, donc à acquérir un art de l'écrit et un point de vue individualisé sur ce qu'il apprend. Cela a été d'autant plus efficace qu'ont alors convergé des dimensions habituellement disjointes à l'école : l'affect, la complicité, le savoir, les devoirs, l'humeur, la santé, la vie quotidienne, la vie de famille, la curiosité. Ce qui d'ordinaire semble perturber les apprentissages (le manque de sommeil, la flemme, etc.) était ici exprimé au même niveau, dans un élan sincère et d'une grande clarté, au fil des messages.

Il y eut, de manière prévisible, ce que l'on pourrait considérer comme des « débordements » : blagues de mauvais goût, familiarité outrancière. Il a suffi de rectifier. Aimablement. Il y eut des épanchements sur la solitude, la vie enfermée avec ses frères et sœurs, la peur du virus et la déprime. Certains messages viraient aux confessions, aux aveux de détresse : après tout, n'était-ce pas aussi notre rôle de les écouter et, du mieux que l'on pouvait, d'y répondre ?

Une empreinte fragile et décisive

Qu'en est-il resté au retour du confinement ? Passé la joie de se retrouver et malgré la survivance d'une complicité charmante, le cadre scolaire a vite repris le dessus, avec ses habitudes, ses manies, ses règles du jeu, effaçant peu à peu ce qui avait été patiemment élaboré lors des cours à distance, le transformant en agréable souvenir, en moment partagé, mais de plus en plus lointain et exotique. La classe et son fonctionnement ont naturellement rendu difficile de poursuivre ces relations individuelles : le collectif a repris ses droits, ce qui est aussi essentiel. En outre, tout a donné le sentiment que le système scolaire, par son organisation même, était destiné à étouffer les avancées ou les velléités de ce type. Il y eut un retour à l'ordre considéré comme salutaire (je pense précisément l'inverse) après une parenthèse chaotique. On ne récolta pas les fruits de ce moment étrange.

C'est d'autant plus dommage que, à mes yeux, on avait alors approché, d'une manière certes bricolée et instable, cet idéal éducatif décrit par Jean-Pierre Vernant dans un article qui figure pour moi comme l'un des plus grands textes sur l'enseignement.

Dans « Tisser l'amitié » (*Mythe et Politique*, Seuil, 1996), Vernant explique que, lorsqu'il était professeur de lycée, il avait choisi de gommer en classe tout signe extérieur de l'autorité conférée par l'Institution. Cela passait par le tutoiement, le choix de son vocabulaire ou de ses vêtements, une manière d'être familier. Il ne s'agissait évidemment pas d'oublier la place ni le rôle de chacun. Cela relevait davantage d'une esthétique de la transmission. Ce qui ne l'empêchait pas d'être pragmatique : « La stratégie de la non-distance peut être très adroite ou, au contraire, amener celui qui l'emploie à la catastrophe. Mais s'il y recourt plutôt qu'à une autre, ce n'est pas par pure stratégie. C'est parce qu'elle correspond à l'idée qu'il se fait du rapport entre maître et élève, de ce qu'est un groupe. Si on entre dans le jeu de l'abolition de la hiérarchie, ce n'est pas simplement de l'habileté, c'est aussi une esthétique, et une éthique de la relation sociale. » Eh bien, je dois dire qu'à certains moments, les moins laborieux et les plus légers, l'enseignement à distance m'a semblé de manière inattendue se rapprocher de cette esthétique. L'incertitude, l'urgence, la catastrophe sanitaire, le mélange privé-public m'ont paru nous orienter dans cette direction.

À cet égard, Vernant parle d'amitié. Mot qui ferait bondir la majeure partie des professeurs, dont moi, dans un premier temps. Nous ne sommes pas les copains de nos élèves, heureusement pour eux ; nous ne sommes pas des potes, nous sommes des adultes responsables, détenteurs d'un savoir à transmettre et d'une autorité. L'idée passe donc, *a priori*, pour terriblement démagogique. Mais comment ne pas être convaincu par ces lignes : l'amitié « est le sentiment d'une complicité, d'une communauté essentielle sur les choses les plus importantes. Dans le rapport du professeur avec ses élèves, c'est le fait de partager une certaine idée de ce que doit être quelqu'un, d'avoir en commun une certaine forme de sensibilité, d'accueil à autrui, de s'accorder sur l'idée qu'être autre signifie aussi être semblable » ?

Dans le contexte de la pandémie, la classe virtuelle fut une bulle, une petite communauté arrachée à l'assignation à résidence et qui, pour fonctionner hors cadre scolaire, hors établissement, devait s'appuyer sur des dimensions de l'enseignement trop peu valorisées en temps normaux, comme la complicité, le commerce intellectuel, le plaisir de se retrouver, les rituels improvisés. L'agencement même de la classe virtuelle, dans laquelle chacun se voyait et voyait les autres, participait de cette dynamique amicale, soutenue par les décors personnels et intimes qui étaient en toile de fond, chaque détail révélant un élément plus ou moins signifiant d'une vie de famille, d'un style, d'un goût particuliers. Parvenir à conserver ce lien était sans doute un enjeu majeur et une potentielle avancée ; tenter de le développer une fois de retour dans les établissements aurait été formidable. Mais l'injonction était de reprendre les choses là où nous les avions laissées.

Tout ne s'est pas pour autant dissipé. Les élèves ont aimé conserver l'habitude d'envoyer des messages à leurs professeurs hors confinement. Pour rien, au moindre prétexte. Même après que nous nous sommes retrouvés en classe, dans le cadre traditionnel que nous avions toujours connu, les mails ont continué d'affluer, brouillant encore les frontières habituelles. Les élèves tenaient à maintenir le « contact », étaient rassurés de pouvoir nous joindre à n'importe quel moment. Avec, pour nous, l'écueil de l'impossibilité de quitter un seul instant notre métier : il est difficile de ne pas répondre à un élève qui vous interroge à 23 heures un vendredi sur un problème rencontré dans un exercice. Non seulement parce que c'est touchant, mais aussi parce que cela signifie qu'il se soucie de son travail (on déplore tellement souvent le contraire). Cette continuité et cette ouverture ont évidemment un coût : à l'enseignement en classe, au collège, à la correction des copies, à la préparation des cours, aux tâches diverses et nombreuses, s'ajoute désormais une forme de *hotline*, de service qualité après-vente chronophage. Il serait évidemment plus raisonnable de ne pas regarder les messages qui déferlent dans l'ENT (environnement numérique de travail), mais, c'est une tare indélébile de l'enseignant, il peine à quitter le costume de hussard, qu'il soit sur une aire d'autoroute, devant une émission à la con, aux fraises, sur la plage ou au sommet d'une montagne. Et donc, nuit et jour, il répond. Ce qui devrait être encadré ou considéré comme un aspect important de son métier : en la matière, l'autodiscipline ne suffit pas.

Un cadre ouvert et non maîtrisé

Je reprends ici quelques points déjà évoqués plus haut, mais sous un angle un peu différent et en considérant de nouveaux aspects : ceux qui concernent l'enseignement à distance, « en direct » et « en public ».

Le cours en ligne fut donc une immense gageure : il fallait recréer la classe. Et franchir un pas difficile. Accepter de faire cours dans un cadre que l'on ne maîtrisait pas totalement (dès le premier jour, l'un de mes élèves se présenta en treillis avec une arme de chasse), affronter les questions techniques liées au numérique, se retrouver parfois viré de sa propre session par une connexion capricieuse, patauger officiellement et à la vue de tous, inventer au fur et à mesure, changer d'idée ou de technique en essayant de ne pas totalement se renier (le discours officiel du gouvernement sur les masques fut une source d'inspiration), être prêt à offrir son image à de multiples écrans.

On devait, je le répète, s'adresser à un auditoire non défini : il ne fallait pas oublier les parents cachés, les élèves qui faisaient autre chose, les animaux qui passaient, les fratries qui avaient à cœur de dynamiter le cours afin d'embarrasser le sage apprenant. L'enseignement « en direct » était aussi un enseignement « en public ». Ce fut une petite révolution qui demanda un peu de courage et d'abnégation, beaucoup de modestie, ainsi qu'une conception souple mais ferme de l'autorité. On évoluait dans un sanctuaire à ciel ouvert.

Les enseignants se révélaient eux-mêmes depuis leurs appartements ; ils se montrèrent chaque jour plus transparents, pour le plus grand plaisir de leur public, avide d'informations privées. Parfois involontairement. En visioconférence, le moindre bruit passionnait les classes : « qui est-ce qui joue du piano ? », « on klaxonne en bas de chez vous, madame ». On avait l'impression de faire cours à une vingtaine de petits Travolta dans un remake de *Blow Out*, de Brian De Palma (un ingénieur du son mène une enquête à partir d'une courte bande sonore).

Il nous incombait de faire comme avant. Sans toutefois sombrer dans l'artifice le plus total, au risque de se retrouver comme le frère du héros d'*Arsenic et Vieilles Dentelles*, qui croit, depuis sa maison, creuser le canal de Panama et sonne la charge. Il y eut des moments où, en effet, on se serait crus au collège : une fin d'après-midi, j'ai dû déconnecter de ma classe virtuelle deux élèves qui bavardaient dans l'onglet « Discussion privée » et s'amusaient à montrer divers objets à l'écran ; je me suis énervée, j'ai protesté. J'ai entamé un long discours grotesque et culpabilisateur de professeur indigné. Les élèves avaient l'habitude et connaissaient par cœur. C'était formidablement comme avant. C'était une réussite totale. Mais c'était compter sans les parents planqués de part et d'autre de l'écran, invisibles, qui prirent l'affaire au sérieux. Je reçus, le rouge au front, des mails adorables de soutien, d'encouragement, de condoléances presque. On frôla la cagnotte Leetchi pour éviter ma démission. Je dus expliquer à certaines familles que j'en avais beaucoup rajouté, que c'était une technique (ou l'art et la manière de transformer l'hystérie en méthode). J'ai été obligée, non de me justifier, mais d'expliciter un moment de cours. À ce titre, il y aurait beaucoup à dire aussi sur l'évolution des rapports avec les parents : nos relations « en chiens de faïence », type couple en instance de divorce, se transformèrent en véritable coopération dans un souci sincère et ouvert de co-éducation. Enfin !

En somme, les petits jeux du sanctuaire et du monde ordinaire, du caché et du transparent, du public et du privé, furent mis à rude épreuve pendant cette période. Mais on trouva des points de contact et de jonction en bricolant un matériel hétéroclite – les habitudes d'avant, les moyens du bord et les idées ou innovations qui nous venaient à tous, adultes comme enfants. Ce fut trépidant, souvent libérateur, à condition de ne pas s'y perdre.

Autonomie

Ce fut aussi un grand moment d'autonomie. L'administration, le « système » furent moins présents, malgré les invitations quotidiennes à des « webinaires » académiques et les récurrentes prises de parole ministérielles. J'eus dans un premier temps le sentiment grisant qu'on assistait à une sorte de « réforme » pédagogique sur le modèle luthérien. Adieu le système absurde et mortifère, adieu la hiérarchie avec ses us et coutumes empesés, adieu les cuistres qui assènent des mantras qu'ils ne comprennent même plus, adieu les rites idiots, les mauvaises habitudes, les contraintes et les sacrements pléthoriques, adieu l'infantilisation, adieu les intercessions et l'organisation en clergé. *Sola fide* (l'éducabilité, les valeurs à transmettre et à faire vivre), *sola scriptura* (la culture, le savoir), *sola gratia* (avec, malheureusement, les injustices, les élus et les damnés des inégalités scolaires).

Il y eut comme un dépouillement, un resserrement autour du lien pédagogique, l'ouverture pour chacun, professeurs comme élèves, d'une ère de responsabilité et de liberté aussi bienvenue qu'exigeante et austère. Il y avait d'un côté le savoir, de l'autre les élèves, avec les professeurs et les CPE, souvent les familles, mais pas toujours, comme pasteurs pour guider et rassembler leurs ouailles dans une langue et avec des intentions accessibles à tous. On y était. Enfin. Du moins pour ceux qui en étaient – toujours le même problème, qu'il ne fallait jamais perdre de vue.

Sans nier la difficulté et les écueils redoutables de ce moment, ni les séquelles à prévoir, je dois dire que ce fut sans doute, après mes débuts en zone d'éducation prioritaire en Seine-Saint-Denis, la période la plus stimulante, enrichissante et intense de ma carrière. Épuisante, aussi. Et souvent décourageante. Avec, cependant, tout le confort moderne du confinement et de l'expérience. J'ai retrouvé pendant quelques semaines la force et l'obstination de mes jeunes années. J'étais personnelle et déterminée.

Individualiste comme jamais, tout en travaillant avec quelques collègues de manière extrêmement étroite et continue. Je savais ce que je voulais, je pouvais faire le tri entre l'accessoire et le nécessaire, j'avais toute latitude pour enseigner, dans un cadre contraint, certes, mais comme je l'entendais.

Enfin, pas tout à fait. J'ai dû m'adapter. Quand, au collège, les élèves sont « captifs », à distance ils étaient tout à fait libres de faire autre chose. Il fallait donc les mobiliser, les retenir, attirer leur attention et, ô scandale, les séduire. Au risque de la démagogie, mais sans se départir de sa fonction d'enseignant. Il fallait aussi, pour être pertinent, tenir compte du contexte anxiogène et de l'humeur souvent maussade, sinon ennuyée, d'un peu tout le monde.

Si j'ai tenté de faire cours du mieux que je le pouvais, dans le respect des programmes et de leur progression, j'ai décidé de faire flèche de tout bois et, plutôt que de lutter contre ce qui nous était imposé (l'enfermement, l'actualité), d'en tirer parti. Il ne m'a pas semblé absurde, en tant que professeure d'histoire et d'enseignement moral et civique, de m'emparer de cette épreuve qui nous touchait tous.

J'ai, pour ce faire, organisé des défis, des concours, et ouvert des blogs à tour de bras. Les élèves ont ainsi envoyé des photos de ce qu'ils voyaient depuis leur fenêtre, qu'ils soient à Paris ou ailleurs. Ces vues, je les ai juxtaposées : c'est un exercice qui se pratique souvent en géographie, je n'ai rien inventé. Cela a donné un panorama intéressant, une mosaïque révélant au passage des inégalités profondes : il y avait des vues sur cour, des vues sur la mer. Nous avons ensuite évoqué, avec mes classes, les intentions qui se dégageaient de chaque cliché : la carte postale, la désolation, le factuel, la présence d'un animal sur une rambarde. Pour finir – là est l'entourloupe –, les élèves ont dû faire un croquis de géographie d'une vue au choix, relever les divers éléments du paysage, leur organisation, ainsi que les plans. Exercice qui est au cœur du programme de sixième, mais qui prenait une dimension différente et intime dans la mesure où il donnait un sens au cadre du confinement.

Encouragée par l'adhésion des élèves, j'ai ensuite organisé un concours « à la Depardon » – une autre activité qui se pratique souvent en classe. Lors de leurs rares sorties, les élèves devaient tenter d'imiter le Maître. Il y eut de belles réussites et des interprétations diverses du défi. Certains se mirent en tête de retrouver sur Google Maps les lieux photographiés par Depardon et de comparer l'image proposée par Street View avec le cliché du photographe, ce qui faisait ressortir son génie. J'avais pour but de leur montrer la richesse potentielle de l'espace restreint, limité, dans lequel nous étions sommés d'évoluer avec parcimonie. Au bout de quelques jours, ils voyaient du Depardon partout, dans une enseigne, un zébra, un panneau de signalisation. J'ai poursuivi cette exploration de l'ordinaire en constituant avec eux une « mythologie du confinement » : chaque élève devait choisir un objet emblématique et dire pourquoi il symbolisait, à ses yeux, le moment que nous subissions.

Enfin, dans un ultime blog (cette frénésie était-elle un effet secondaire de mon Covid ?), je leur ai demandé de constituer des « cabinets de curiosités » avec tout ce qu'ils trouvaient de plus insolite et hétéroclite chez eux. J'insiste : je n'ai rien créé d'absolument inédit en la matière, ce sont des choses que beaucoup de professeurs font avec leurs élèves, notamment en géographie. Ce qu'il y avait ici d'un peu novateur, c'était que l'exercice n'était pas uniquement scolaire : il s'agissait, pour ma part, d'une réflexion, d'une exploration du banal, de l'ordinaire, de ce qu'on ne voit pas d'habitude. C'était aussi une opération de survie : n'oublions pas les conséquences catastrophiques du confinement sur l'état psychologique des jeunes. Et, surtout, cela rejoignait mon goût, non professionnel en l'occurrence et parfaitement intime, pour une appréhension du réel à la lumière de Depardon, Barthes ou Perec.

Comme on le sait parfaitement, sans pour autant en tenir compte, le rapport que nous entretenons nous-mêmes à la culture nous procure une incroyable force de conviction et nous confère une formidable efficacité : cela donne à ce que nous transmettons du sens, du poids, de la profondeur, une incarnation aux yeux des élèves, puisque nous semblons faire corps avec l'objet de notre enseignement. Notre enthousiasme, notre investissement sont aussi des gages de légitimité : il y a au moins une personne sur terre qui trouve le sujet fondamental et passionnant. C'est même un peu comique : les élèves ont tout loisir de rire du professeur, si exalté qu'il en devient burlesque. Le ridicule n'est jamais loin : enseigner, c'est l'assumer.

Cette harmonie entre la culture scolaire, le moment traversé, les manières de ne pas entièrement le subir et mon rapport au monde opérait une « triangulation » à laquelle j'avais toujours aspiré sans avoir eu, jusque-là, l'audace, le temps ni l'énergie de la poursuivre.

Saine démagogie

À l'arrivée des vacances de printemps, en 2020, je n'ai pas réussi à lâcher mes élèves. D'une part parce que j'avais du mal à entrevoir à quoi ressembleraient des vacances dans ces conditions et qu'il me semblait normal de ne pas laisser ceux qui étaient en plein désarroi livrés à eux-mêmes ; de l'autre parce que j'avais besoin, moi, de continuer, et que ce contact avec les élèves a été un véritable soutien durant toute cette période difficile.

Réaliste, je ne me suis pas lancée dans une vaste opération pédagogique, préférant me plonger dans une ambiance BAFA, domaine dans lequel mes aptitudes d'animatrice restaient à prouver. J'ai donc (encore !) ouvert un blog nourri de blagues, d'énigmes, de « fun facts », de liens vers des vidéos, de jeux, d'images insolites, de recommandations de films, de suggestions d'activités avec parfois des intentions pédagogiques. Et même souvent : professeure un jour, professeure toujours. Un an plus tard, ce site était encore plébiscité par de nombreux élèves. J'ai compris en cette occasion combien j'aimais m'amuser de la sorte avec eux. La joie, la bonne humeur et l'entrain qui naissaient de cette initiative sans prétention ne nous ramenaient-ils pas du côté de la familiarité décrite par Jean-Pierre Vernant ?

Évidemment, je n'oubliais jamais que nous n'étions pas au collège pour rigoler. Toujours aussi dubitative quant à l'engouement pour le « tout-ludique » (parfois le travail est ingrat, les efforts austères ; le jeu n'est pas un but en soi, il est un moyen qu'il faut se garder de systématiser pour rester efficace), j'ai néanmoins, de retour au collège, ponctué mes cours de moments de liberté en apparence anecdotiques, en vérité utiles : la culture et le savoir n'étaient jamais loin ; ces temps de respiration suscitaient l'adhésion des élèves, fatigués et masqués, et accentuaient notre complicité.

J'en citerai un exemple quelque peu trivial. Avec mes classes de cinquième, j'ai joué à un jeu vidéo sérieux qui consistait à gérer une exploitation agricole dans un pays pauvre (thème au programme). Au milieu de fléaux atroces et néanmoins réalistes (climat, guerres, maladies) et au prix de décisions drastiques, il permettait aux meilleurs joueurs d'élever des éléphants et de se constituer un petit troupeau. Pour ma part, je parvenais, au mieux, à m'occuper de trois poules. J'étais trop nulle pour me lancer dans l'aventure proboscidienne. Stimulés par mes échecs, les élèves se donnèrent à fond dans l'exercice une fois rentrés chez eux : je reçus par dizaines des captures d'écran représentant des fermes flambant neuves avec un beau cheptel pachydermique. Pour y parvenir, ils avaient souvent fait fi de toute morale, envoyant leur progéniture à la ville dès le plus jeune âge, faisant mourir leur femme pour en épouser une plus jeune et commettant d'autres actions d'un cynisme révoltant. Nous en avons plaisanté ; j'ai mesuré la limite de l'exercice.

L'enseignement à distance m'a guérie de ma peur panique de la démagogie, du pas de côté à bon escient que j'ai toujours opéré sans jamais l'assumer. Il y a quelques années, j'avais été vexée comme un pou par un parent qui m'avait dit que son enfant me regrettait : il avait désormais « un prof d'histoire sérieux ». Comme dans le sketch des Inconnus sur les bons et les mauvais chasseurs, j'ai fait le tri : la démagogie vertueuse est un moyen, parmi d'autres plus austères, de transmettre du savoir avec pertinence et succès ; la délétère ne sert qu'à se rendre aimable ou à avoir la paix dans un projet qui n'a d'autre enjeu que la satisfaction narcissique et l'espoir, vain, d'être aimé, donc tranquille.

Grâce à cette expérience, je me suis émancipée de craintes et de préoccupations, certes louables, qui m'entravaient. Le flou de l'enseignement à distance, avec sa temporalité molle et son espace limité, m'a permis d'avoir une notion du temps plus libre, moins angoissée. Une classe est fatiguée un vendredi après-midi ? On arrête tout. Ils rangent leurs affaires et je leur raconte par le menu *Le Rouge et le Noir*, que je viens de relire. Ce n'est ni ma matière, ni le programme ? Certes. Peu importe. C'est aussi un pied de nez au fractionnement du savoir, ainsi qu'à l'idée selon laquelle la culture ne pourrait pas être une respiration dans des journées chargées. Ce furent de belles avancées dont j'étais et suis encore heureuse, et sur lesquelles je reviendrai en détail.

Indispensable institution

À la fin du confinement, j'étais au bord de devenir le chantre du télé-enseignement, le thuriféraire du télétravail. Avant de me souvenir, heureusement assez rapidement, qu'il n'était possible que parce que nous avions tissé des liens dans l'École du monde d'avant. Un monde que nous tentions, d'ailleurs, de recréer en virtuel de toutes les manières possibles, avec un brin d'ironie, mais aussi beaucoup de sincérité. On n'aurait pas pu commencer ainsi dès le début. J'amorçai alors mon moment tridentin, renonçant à mes élans les plus libéraux, à ma réforme radicale : l'Institution avait été la condition de possibilité de cette continuité, de ce travail à distance.

Le cadre du collège, parce qu'il était aussi vénérable que familier, aussi caractéristique que caricatural, aussi contraignant que rassurant, s'imposait à tous comme référence. C'était ce qui nous liait. Encore et toujours, même à distance, en virtuel. Il y avait quelque chose à aimer et à réaffirmer dans cette débauche d'habitudes, dans ce kitsch que nous continuions à chérir hors les murs avec des accents diasporiques. Je continuais, *cum grano salis*, à mettre des mots comiques dans les carnets, à faire semblant de confisquer des objets. On jouait avec les codes et les références, le sourire au coin des lèvres. Un élève qui, dans le monde d'avant, sortait toujours le dernier de ma salle, qui plus est avec une lenteur exagérée, parfois exaspérante, décréta qu'il devait aussi être le dernier à se déconnecter de la classe virtuelle. C'était une mauvaise habitude, c'était désormais un rituel : si je t'oublie, Jérusalem !

On peut se demander pourquoi cette référence persistante au cadre traditionnel et formel du système scolaire s'est révélée la condition *sine qua non* d'une telle effervescence d'expressions personnelles et de libertés non institutionnelles, alors même qu'elle paraît en être le strict contraire. Il me semble qu'il y a à cela trois raisons.

La première, c'est que plus on accepte les initiatives individuelles, plus il est impératif de les encadrer et de les replacer dans un contexte qui ait du sens et de la pertinence d'un point de vue éducatif.

La deuxième, c'est que ce cadre de référence doit nous rappeler que nous évoluons dans des domaines qui nous dépassent et nous obligent : l'École, la culture, le savoir.

La troisième, c'est que cette liberté dans les échanges n'est légitime qu'en vue de la réussite scolaire des élèves. Elle doit être cautionnée, même de manière indirecte, par l'Institution. Sinon, ce serait la porte ouverte à toutes les dérives et transgressions, et l'on finirait par se dire qu'on pourrait tout aussi bien écrire au voisin d'en face plutôt qu'au professeur, avec tous les risques que cela comporte.

Il y avait ainsi dans cette période inédite et trop longue une voie rock et baroque, ainsi que la possibilité de tisser un tapis en poils de mammouth dorés à l'or fin.

Ces réforme et contre-réforme simultanées et à ciel ouvert, visibles de tous sur l'écran de la salle de classe virtuelle, m'ont semblé passionnantes : elles révélaient les arcanes de l'éducation.

Le retour de la classe virtuelle sous forme de farce

L'année suivante, il y eut de nouveau, au printemps, un retour à la classe virtuelle. D'un type inédit, puisqu'il fut interrompu par deux semaines de vacances.

Nous étions tous aguerris, outillés, préparés. Tels des gladiateurs à l'entrée de l'arène, nos ordinateurs étaient huilés et chauffés à blanc. Le plan « enseignement à distance » était déjà totalement élaboré. L'Éducation nationale était sur la ligne de départ. C'était grandiose.

En une fraction de seconde, les parents reçurent nos protocoles d'enseignement à distance, nos emplois du temps ; les élèves, eux, eurent du travail, des cours, des instructions. Les mois précédents, on nous avait sommés de devenir des génies de la capsule vidéo, du quiz en ligne et de l'enseignement 3.0 (avec un souci tout relatif des contenus et de leur pertinence, mais c'est une autre histoire). Le basculement en mode « distanciel » fut annoncé. L'élan fut unanime.

Et là, le crash. Explosion de la navette *Challenger* éducative du futur. Un gigantesque plantage, aussi exaspérant qu'humiliant. Et fort burlesque avec du recul. Rien ne marchait, tout était saturé, bloqué. Nombreux furent ceux qui se retrouvèrent sur le banc des accusés : les Russes, déterminés à empêcher qu'un cours sur le zooplancton se tînt au collège Yvette-Horner de Soully-sur-Pourge ; les professeurs, qui avaient eu l'idée saugrenue de tous faire cours en même temps…

Ce « léger contretemps indépendant de notre volonté » nous plongea dans un délire collectif : certains tentèrent d'utiliser quinze plate-formes différentes (Zoom, Discord…), d'autres se rabattirent sur des groupes WhatsApp. Faire cours était devenu une question de survie. Pour ma part, après une phase de surchauffe totale, au bord des larmes, recevant des dizaines de textos et de mails d'encouragement des parents (j'avais le sentiment d'être en plein accouchement), j'ai soudain eu une prise de conscience. J'ai dit « merde » et décrété qu'on ferait cours le jour où la technique serait au rendez-vous. J'ai assumé à mes risques et périls que mon cours sur l'hommage féodal attende un jour, une semaine, un an, voire n'ait jamais lieu, et déclaré qu'il serait bon de reprendre ses esprits.

Par quel artifice, par quel art de la culpabilisation avons-nous pu devenir ces dociles tâcherons convaincus que le professionnalisme, le vrai, était de faire cours dans toutes les conditions imaginables, y compris quand l'intendance nous lâchait, au mépris de la pertinence de l'enseignement, de son efficacité ?

Comment avons-nous pu tomber dans le piège de cette hystérisation à outrance du télé-enseignement ? Cet énorme foirage a au moins permis de mettre en lumière la vanité d'une injonction à la continuité aussi fondamentale que, dans un tel contexte, vide de sens.

Néanmoins, nous avons fini par assurer normalement les cours. Mais, triste constat, le cœur n'y était plus. On ne retrouva pas ce qui avait fait l'intérêt du précédent confinement. Les leçons furent plus maussades, l'ennui davantage palpable. L'unanimité de la réaction du corps enseignant transforma les journées des élèves en longs tunnels devant leurs écrans (nous suivions l'emploi du temps habituel), ce qui était pour eux épuisant.

Pourquoi n'a-t-on pas retrouvé l'élan initial, alors même que nous étions dans une situation de réussite relative ? C'est précisément parce que le réflexe (compréhensible et totalement justifié) de rompre avec l'impréparation et l'improvisation de l'expérience précédente s'est traduit par un retour caricatural aux plus mauvais penchants de l'Éducation nationale. Ce faisant, on a manqué une occasion rare et prometteuse d'intensifier nos liens, de modifier et libérer nos manières de faire. Il y eut un retour à l'ordre (un ordre plein de désordre), faute de retour aux sources vives de l'enseignement qui s'ouvraient à nous.

Parenthèse heureuse

Avec le recul, j'ai incroyablement aimé ce moment, qui m'a semblé constituer, aussi bien personnellement que professionnellement, une parenthèse heureuse dans laquelle mes tracas, soucis, angoisses se sont retrouvés comme en suspension et où j'ai eu le sentiment d'être protégée.

Paradoxalement, c'est ce moment heureux qui, le premier, m'a montré les limites de mon souhait de me tenir à l'écart des débats éducatifs. J'ai tant appris pendant cette période, tant expérimenté, qu'il aurait été dommage de ne pas confronter ce qui m'était apparu aussi nettement aux grandes lignes de front, fractures, oppositions politiques, idéologiques et pédagogiques qui traversent le corps enseignant. L'École est publique ; elle ne peut se satisfaire de professeurs retranchés, indifférents aux clivages, aux tensions, aux conditions de possibilité de l'enseignement. À moins d'entamer une forme de chemin sectaire et égotiste. Renoncer au collectif (pour lequel je n'ai jamais eu d'aptitudes, du match de volley aux réunions plénières), de même qu'éviter la confrontation des idées, était un mauvais calcul.

Il fallait considérer ce moment comme une étape. Et tenter d'aller plus loin.

L'attentat terroriste contre Samuel Paty ne me laissa pas le choix. L'atroce violence, le scandale de ce crime, l'indécence de certaines réactions me montrèrent tout ce qu'il y avait d'impossible, voire d'artificiel, à continuer à jouer à la bergère dans mon petit Hameau éducatif.

7

L'attentat contre Samuel Paty

Impensable et prévisible

Il y a quelques années, l'État islamique annonça que les professeurs français faisaient partie de leurs cibles. En apprenant l'existence de cette menace, j'ai été saisie de panique. Puis je me suis trouvée faible : il ne fallait pas céder à la terreur. Et j'ai fini par me convaincre que ça n'arriverait pas : les enseignants n'avaient pas assez de poids symbolique pour devenir une vraie cible. Il fallait évidemment rester calme. Alors que les endroits fermés comme les transports en commun avaient un caractère anxiogène, la salle de classe devait être un lieu serein et protégé.

Lors des exercices de confinement en cas d'attaque terroriste avec les élèves, tous couchés par terre, j'ai mesuré ma responsabilité : le cas échéant, il me faudrait absolument tenter de les sauver et éviter de commettre des erreurs, comme fermer les rideaux, ce qui équivaudrait à adresser au potentiel terroriste de grands signes de présence. Et j'ai décidé de ne pas trop prendre la chose au sérieux : les élèves n'ont pas besoin que je leur transmette mon angoisse.

Le 16 octobre 2020, Samuel Paty, un professeur d'histoire-géographie, a été décapité par un terroriste islamiste à quelques pas de son collège. C'est arrivé. C'est idiot de le préciser, mais il avait le même âge que moi, nous enseignions la même matière et, sans le connaître, je crois que je comprends intimement le but salutaire qu'il poursuivait.

Le récit des événements semble impensable. L'attentat du 16 octobre est le produit d'une mécanique inouïe dont, pourtant, chaque rouage nous est familier : haine contre *Charlie*, vulnérabilité de l'École, radicalité religieuse, réseaux sociaux, terrorisme, solitude du professeur, courage individuel, lâcheté collective.

Tout part d'une banale et pénible tension entre des parents revendicatifs et un enseignant contesté. Deux semaines plus tard, cette histoire triviale, de celles que l'on subit en général douloureusement pour ensuite passer à autre chose, se termine par la décapitation du professeur. Au nom de l'idéologie islamiste. On croirait assister à une fable dystopique qui propulse un homme juste dans une spirale totalitaire et le livre inexorablement aux mains d'un bourreau idéologisé d'une monstrueuse sauvagerie.

Mais ce n'est pas de la fiction. C'est réel. C'est notre époque. Samuel Paty, professeur d'histoire-géographie, a eu la tête tranchée parce qu'un de ses cours avait « choqué ».

Le pays se retrouve alors plongé dans l'horreur. Il est plus sidéré que surpris. Après le journalisme, le judaïsme, la police, les terrasses de bars et restaurants, le spectacle, la fête populaire et tant d'autres, l'École, lieu d'émancipation, était une cible pour le terrorisme islamiste. Elle l'avait déjà été lors de l'attaque de Toulouse en 2012 – un massacre qui avait une portée avant tout antisémite.

Comme à chaque attentat, on a répété qu'un cap symbolique avait été franchi. On a estimé que rien ne serait plus comme avant, que les professeurs seraient désormais terrorisés. Mais n'avaient-ils pas déjà peur ? Pas forcément d'être victimes d'un crime terroriste, mais de se retrouver dépassés par un cours au contenu « inflammable » ? Chez bon nombre d'entre nous, dont moi, l'autocensure, même surmontée, était déjà là.

Quel consensus ?

Tout le monde est bien sûr d'accord pour qu'on aborde en classe la question de la liberté d'expression. Il y a consensus sur le sujet. Un cours consacré à la défense par Voltaire du chevalier de

La Barre, torturé et tué pour blasphème, sera unanimement applaudi. Un équivalent contemporain, en revanche – l'attentat contre *Charlie Hebdo* –, suscitera souvent des réactions plus diverses allant de la dénonciation à l'approbation, trop souvent affaiblie par des réserves ou, du moins, par une certaine pusillanimité… Ce qui passe à l'imparfait bloque au présent. Chaque enseignant le sait.

Il sait aussi que, en abordant la question actuelle du « blasphème », il prend un risque. Celui de passer une heure extraordinairement tendue avec des élèves qu'il aime pourtant beaucoup. De ne pas faire le poids, avec ses valeurs républicaines, face à des affirmations plus radicales. D'être mal compris. De subir des protestations de parents. De se retrouver dans un véritable bourbier et de finalement se sentir très seul – isolé, parfois, de ses collègues. Certes, en cas de problème, il sera sans doute soutenu par l'Institution. Mais pas toujours. Et l'idée restera malgré tout qu'il est un emmerdeur, voire un « va-t-en-guerre » qui n'avait pas besoin d'aller fouiller là où ça fait mal.

À l'idée de risque s'ajoute le doute instillé par le climat intellectuel délétère du moment : ceux qui soutiennent aujourd'hui *Charlie Hebdo*, de moins en moins nombreux, sont suspectés d'être des idéologues ou des militants, quand ils ne font que défendre, avec continuité et calme, la liberté d'expression. Ce qui était encore recommandé et plébiscité il y a quelques années devient maintenant équivoque. Il est alors facile de se convaincre que le mieux est d'éviter d'aborder frontalement le sujet. La peur de heurter les élèves comme leurs parents, après tout compréhensible, finit par tragiquement diluer les valeurs qui sont au cœur de l'enseignement, donc son sens même.

Samuel Paty n'était pas un professeur provocateur ni militant, et, quand bien même, nul ne devrait subir un tel sort. C'était un professeur courageux qui tenait bon dans un monde d'atermoiements. Il l'a payé de sa vie.

Comme chaque fois après un attentat, passé le moment de la sidération, il y a celui, crucial, de la recherche des responsabilités. Qui tourne souvent aux accusations multiples et non hiérarchisées. Nombreux furent ceux qui, croyant évoquer le sujet, parlaient déjà d'autre chose. Chacun y allait de sa maigre analyse. Il y eut aussi, à gauche, des pudeurs à qualifier l'attentat d'islamiste.

L'image de la tête tranchée de Samuel Paty semblait oubliée. C'était une image que la plupart d'entre nous n'avaient pas vue, mais qui nous hantait. Elle seule nous permettait sans doute de ne pas nous égarer et d'avoir la décence de ne pas parler de n'importe quoi à tort et à travers. Convoquer une image invisible est chose difficile, mais c'était de cette vision impossible qu'il fallait partir. Il fallait tout reprendre et tout repenser.

Un moment de réflexion, profond et long, s'imposait. Non pour se couvrir de cendre ni se croire rescapé d'un attentat. Il fallait absolument tenter de voir où l'on en était, quelle était notre capacité à affronter ce drame effroyable. Dans la dignité.

Indécence

Il n'y eut rien de rassurant dans les réactions qui suivirent la décapitation de Samuel Paty. Il y eut même beaucoup d'indécence. On passera sur les réactions de l'extrême droite, prévisibles et nauséabondes. Pour la gauche, ce fut, du moins à mes yeux, l'aboutissement d'un relâchement du lien qu'elle entretenait avec ses luttes traditionnelles (laïcité, liberté d'expression, défense des professeurs, etc.).

De fait, même si la condamnation fut presque unanime et l'effroi collectif, on navigua ici ou là entre mises en perspective, irénisme gentillet et trouille. Des illustrateurs eurent le courage de dessiner des enfants de toutes les couleurs lâchant des colombes ! Comme si nous étions en tort, bellicistes, comme si nous devions tendre la main à ceux qui nous avaient attaqués. Quelques professeurs, sur les réseaux sociaux, dirent que c'était un fait divers (*sic*) instrumentalisé par un ministre réac. Certains se firent inspecteurs et critiquèrent par le menu le cours d'un collègue assassiné, comme si l'on pouvait trouver la moindre justification à l'attentat dont il avait été victime dans sa manière de traiter un aspect du programme. D'autres firent le lien avec les opérations extérieures de l'armée française, sans doute par souci de faire porter à l'Occident la responsabilité des crimes commis au nom de l'islamisme. À l'extrême opposé du spectre politique, on était à la limite de proposer un vaste plan afin de supprimer l'existence même des parents d'élèves, voire de l'islam. Tout fut rapidement étouffé par les échos du débat, de la querelle : un collègue avait eu la tête tranchée, mais l'unanimité ne se maintint que quelques jours.

L'Inspection générale publia un rapport qui semblait montrer qu'il y avait certes eu des dysfonctionnements, mais que, dans l'ensemble, la gestion de l'affaire s'était déroulée à peu près dans les règles. À le lire, pourtant, tout donnait le sentiment d'une accumulation de délires et d'un quasi-abandon de Samuel Paty, notamment de la part de certains de ses collègues, qui n'avaient pas cru bon de se sentir concernés, voire s'étaient apparemment désolidarisés de lui.

Il y eut aussi une manifestation place de la République : combien de pancartes pour dénoncer Blanquer ? Trop. On pouvait critiquer son action, ce n'était pas elle qui avait armé le bras du terroriste. Ce n'était ni le lieu ni le moment pour contester sa politique, déjà assez critiquable par ailleurs. Ce n'est qu'un infime détail, mais cela montre encore une fois à quel point la question du terrorisme islamiste était évitée, remplacée par d'autres. Un professeur n'avait pas été sauvé. Chacun ne pensait plus qu'à se sauver lui-même et à étaler des éléments de langage ponctués de lapsus calamiteux, notamment les politiques (« perdre la tête », « il faut refuser la caricature »). Dès le début, ce fut clair : il n'y aurait ni prise de conscience ni sursaut. Il fallait accepter d'être pessimiste…

En réalité, on n'a pas réussi à prendre la mesure de l'événement. La manière dont ont été traités deux professeurs de l'IEP de Grenoble, accusés publiquement d'islamophobie par leurs étudiants, montra qu'il était désormais possible de livrer des enseignants à la vindicte populaire comme de les faire taire quand ils demandaient de l'aide.

Incapacité collective

À nouveau, on appela à la nuance. Notion sublime et salutaire s'il en est. Mais de plus en plus utilisée pour noyer le poisson.

Que l'on demande aux addicts du point Godwin, du retour des « heures sombres des années 30 », de se modérer, c'est souvent bienvenu. Mais que reste-t-il pour qualifier les moments tragiques que nous traversons ? On se surprend désormais, devant l'atrocité, à avoir peur d'en faire trop, de passer pour une tragédienne vêtue de noir qui hulule sa désespérance. Mais quel ton et quels mots adopter quand un professeur est décapité ? Comment exprimer l'horreur et le pessimisme quand tous les mots forts sont bannis ou utilisés pour bien autre chose ?

On a aussi demandé que cessent les références compulsives à Orwell. Non, bien sûr, un square n'est pas totalitaire, une caisse chez Decathlon non plus. Mais on se retrouve du coup gêné de constater qu'une grande partie de la population a un problème pour nommer le mal qui nous attaque : notre pudeur avec les mots en vient à dénaturer la terrible violence des faits.

On a vanté, dans notre époque reine du clash et de la conflictualité, la pondération. Cette dernière pourrait nous faire oublier l'image initiale : un homme décapité.

Le plus sinistre est de s'apercevoir que ceux qui appellent à la nuance et à la prudence dans ce contexte sont souvent les mêmes qui, par ailleurs, dénoncent comme un crime impardonnable toute analyse qui s'éloigne un tant soit peu de la leur. On se tait à propos de l'agression contre Salman Rushdie, mais on se fait juriste pour dénoncer la manière dont un imam, pourtant homophobe et antisémite, est condamné à être expulsé.

Retourner au collège

Le retour en cours, après l'attentat et au terme de deux semaines de vacances, fut consternant.

Il y eut tout d'abord un terrible sentiment de médiocrité, dans la mesure où l'hommage à Samuel Paty dépendait du bon vouloir de chacun. Le ministre, en effet, avait renoncé à ce que les enseignants s'octroient un moment de réflexion collective avant de retrouver leurs classes. Les raisons invoquées ou supposées étaient diverses : menace terroriste, refus des enseignants que ce moment soit encadré ou organisé par la hiérarchie, etc.

Tous les collègues, lors des discussions qui ont pu se tenir, se disaient bouleversés. Mais beaucoup d'entre eux ne voyaient pas en quoi leur enseignement était concerné ni à quel titre ils pourraient aborder les questions intellectuelles, juridiques ou éthiques que soulevait cet attentat. C'était, à leurs yeux, l'affaire des professeurs d'histoire, peut-être de lettres. Tout s'est passé comme si un acte terroriste ne pouvait être appréhendé que de manière disciplinaire, comme si la laïcité n'était plus un cadre, une valeur partagée ou collective, mais un bidule technique réservé aux initiés. Quelques professeurs assumèrent leur incapacité personnelle à évoquer ce sujet avec les élèves : manque-t-on vraiment d'arguments simples pour condamner un meurtre ? D'autres refusèrent le « catéchisme républicain » : quelles que puissent être ses limites, il est quand même probable qu'il ait fait moins de morts que le terrorisme et qu'il ne constitue pas le cœur du problème.

Dans ce moment-là se profilait la fin des humanités.

Sur les réseaux sociaux, au sein de groupes d'enseignants, on échangea sur le sujet. J'ai lu des réactions écœurantes (peur primale d'être instrumentalisé en dénonçant ce crime, critique des méthodes de Samuel Paty, réduction de l'attentat à un simple fait divers, explications causales douteuses, etc.) qui m'ont fait penser qu'il y avait des professeurs irréconciliables. Non pas tant idéologiquement, pédagogiquement ni politiquement que moralement. Adieu l'honnête homme et l'ethos enseignant.

Avec les élèves

J'ai eu, comme beaucoup, la certitude qu'il ne fallait consacrer nos premières heures de cours à rien d'autre qu'à cet attentat. Pendant une ou deux heures, avec chacune de mes classes, nous en avons parlé. J'ai démarré par un gros travail d'information sur le déroulé des événements (de nombreux élèves n'étaient même pas au courant). Ont suivi des discussions que j'estime importantes, que nous avions déjà eues en partie, notamment lors des cours d'enseignement moral et civique ou d'histoire (sur l'interdiction des images à travers les âges, par exemple), mais qui ont pris un tour nouveau. Je n'avais rien préparé, ni texte, ni document, ni approche, ni méthode. J'ai fait simple : j'ai refusé de m'égarer dans la loi, les émotions, les détails, et souhaité revenir aux faits : un crime terroriste. C'était ce qu'il ne fallait pas perdre de vue.

Ce sont d'ailleurs les élèves qui ont enrichi, voire élevé le débat : par leur sincérité (« pourquoi les terroristes ont souvent un prénom comme le mien ? »), leur perspicacité (« est-ce qu'on est en train de vivre de l'Histoire ? »), leur franchise (la somme offerte par le terroriste à des collégiens les a plongés dans le désarroi : ils se demandaient s'ils auraient fait la même chose et s'inquiétaient d'avoir à affronter un jour un tel dilemme moral ou amoral), l'aveu de leur peur.

Il était aussi évident pour eux que Samuel Paty avait été trahi par des élèves. J'ai eu une feuille sur laquelle était inscrit « Je suis prof ». Chaque enfant avait apposé sa signature dessus. Le soir, j'ai reçu des messages de remerciement de parents. Peu nombreux, mais essentiels. Je sais que ce n'est pas partout pareil. Mais ça existe.

Il ne faut pas non plus oublier la perplexité des élèves : ils se demandaient quel était leur rôle pour lutter contre le terrorisme ou s'en défendre. Moi aussi…

Ces temps de discussion sont pourtant fondamentaux : des échanges avec les élèves, parfois flous ou chaotiques, émergent peu à peu des valeurs essentielles (nos libertés, le rôle de la justice, le refus de la violence, l'honnêteté intellectuelle) qui viennent structurer l'ensemble et lui donner une colonne vertébrale. Ces valeurs, puisqu'elles sont partagées, organisent les débats au fur et à mesure, les orientent et servent de fondation pour avancer. À condition d'être patient, résistant et d'y consacrer du temps, on vit alors un moment libre, ouvert et raisonné avec nos classes. Dont on espère qu'il sera fécond.

Troisième partie

Des débats pour se soutenir

8

Des échafaudages

Outre leurs conséquences tragiques immédiates, les deux événements dont je viens de parler ainsi que leur « réception », la manière dont ils ont été vécus et appréhendés, m'ont conduite à sortir de ma grotte mentale. On ne peut enseigner, de surcroît l'histoire, et rester dans le petit roman de son enseignement quand l'Histoire atteint à ce point le cœur de l'École : son cadre et sa forme, avec la pandémie ; son sens, sa liberté et sa rationalité, avec l'attentat contre Samuel Paty.

La vulnérabilité de notre École a été cruellement mise en lumière : le distanciel a éprouvé la question du lien ; le crime, celle des fondations mêmes de l'Institution, incapable de réellement soutenir puis de sauver un professeur dénoncé injustement par des parents et des élèves.

Il m'a semblé, alors, que mon retranchement avait, dans ce contexte, quelque chose de désagréable. Cela donnait l'air de « s'en laver les mains », de se croire au-dessus des contingences grossières du quotidien.

Et puis cela pouvait ressembler à une forme de trouille ou de crise obsidionale. Quand c'était, au contraire, le moment de tenir bon et d'être courageux.

J'ai donc décidé de reprendre du service. Non, je ne me prends pas pour ce vieux policier qui se voit confier une ultime enquête au moment même où il célèbre son pot de retraite. Simplement, dans une époque où l'École se montre si fragile, il m'est apparu important de comprendre pourquoi les débats (ceux qui touchent à la conception comme à l'organisation de l'École) qui la traversent sont si caricaturaux, figés, parfois hors-sol ; pourquoi ils ne concernent pas directement ce qui nous accable si durement ; pourquoi les discussions sur la pandémie ou sur l'assassinat de Samuel Paty ont vite rejoint les autoroutes mille fois balisées de controverses types sans qu'on prenne la mesure de ce qui s'est joué d'inédit dans ces moments tragiques.

Cette interrogation devait me pousser à passer en revue quelques-uns des débats qui traversent l'École, à me demander pourquoi nous les chérissons tant et à tenter de trouver entre eux un dénominateur commun.

Pour ce faire, j'ai choisi les débats les plus évidents ou les plus récents : l'affrontement entre pédagogues et républicains ; la question de la laïcité et des valeurs ; les effets réels ou supposés du « wokisme » ; les conditions de possibilité d'une

École inclusive ; ce que l'on entend par exemplarité du professeur ; ce que l'on peut mettre au « centre du système éducatif », querelle qui ouvre sur bien d'autres conflits, notamment autour de la place que l'on réserve aux élèves et du rôle que l'on donne aux maîtres.

Il y aurait encore d'autres éléments de débat (la place du numérique, le rôle des neurosciences, autorité et autoritarisme) : nous les croiserons en route. J'ai délibérément choisi de ne pas être exhaustive. Car, c'est du moins mon hypothèse, ces thèmes, pour la plupart traditionnels, valent moins pour leur contenu, même s'il n'est évidemment pas anecdotique, que pour leur effet : ils nous structurent.

Sortir de l'enfermement

L'enseignement n'est pas une aventure personnelle et individualiste que l'on mène à son gré dans le confort ou l'inconfort de sa solitude. Il n'est pas un art solipsiste que l'on exerce à sa manière entre quatre murs. Enfin, il peut l'être, mais pas trop longtemps. Comment, à cet égard, ne pas s'y perdre dans les injonctions contradictoires : une nécessaire ouverture et un rôle de sanctuaire, une transparence bienvenue et une indispensable intimité, un besoin de raconter et un souci de loyauté ? J'ai donc repris mon dialogue intérieur avec les querelles scolaires qui, dans tous les sens du terme, nous occupent, sous la forme d'une sorte d'état des lieux personnel et vivant, en mouvement, du collège.

J'ai procédé avec ordre et liberté, débat après débat. Et j'ai cherché à voir ce que chacun représentait pour moi, aujourd'hui, sans me lancer dans un précis d'histoire de l'éducation ni dans une enquête sociologique, domaines pour lesquels je n'ai pas de compétences particulières. J'ai avancé selon mon envie et mon humeur.

Ce qui nous structure

Après les avoir arpentés un par un, ces débats, j'ai fini par leur trouver un dénominateur commun qui m'a considérablement éclairée sur ce que nous vivons, à savoir une singulière ressemblance avec les échafaudages de Notre-Dame, aujourd'hui disparus. Ces derniers, qui devaient présider à sa réfection, demeuraient après l'incendie ; avant qu'on ne parvienne à les enlever, ils étaient là, malgré la cendre ; ils résistaient encore (mais à quoi ?) ; leur ossature ignifuge les rendait après coup quelque peu incongrus et dérisoires, sans qu'ils aient perdu pour autant leur caractère structurant. Voilà où nous en sommes.

On ne sait plus vraiment à quoi exactement, sur le terrain, renvoient les innombrables polémiques qui nous ont tant animés (sur la lecture, sur l'éducabilité, sur les méthodes, sur les programmes, etc.), mais elles restent notre colonne vertébrale, le témoignage de notre verticalité. De notre souhait de penser notre métier, de nous imaginer un but et de pouvoir échapper au sentiment d'enseigner tête baissée sans jamais nous retourner. Si elles ne sont pas totalement pertinentes, si elles consistent trop souvent à « rejouer les matchs », à se donner rendez-vous dans le terrain vague pédagogique pour une petite baston chorégraphiée au cordeau, elles sont une preuve de vie, de résistance à ce que j'appellerai la « dilution » du métier, expression que j'expliquerai plus tard.

Reste à comprendre ce qui s'est passé : où a disparu la cathédrale scolaire, où se situe le départ de feu, à quoi servent des échafaudages qui n'encadrent plus rien ? Comment en est-on venu, quand tant de questions essentielles devraient nous tarauder, à parler de tout à fait autre chose : de la viande à la cantine, des mères voilées lors des sorties scolaires, de l'impact du masque sur un cours consacré à l'analyse du *Cid* ? Comment en est-on (spécialistes, enseignants, journalistes) arrivé à éviter à ce point la « classe », les élèves tels qu'ils sont ? Pourquoi tout donne-t-il l'impression que les professeurs racontent de moins en moins ce qu'ils vivent ou observent ? Pourquoi a-t-on aussi le sentiment que nul ne tient vraiment à entendre ce qui se passe en classe ? Pourquoi les discours sur l'École ronronnent-ils, font-ils des tours de piste balisés et prévisibles ?

La peur ? Le découragement ? Le manque de curiosité ? L'impossibilité d'être écouté ? Le verrouillage et la censure ? Il n'y a pourtant pas que des choses à déplorer. Bien heureusement. L'enfance et la jeunesse, par leur vitalité, leur curiosité, leur liberté, sont un miracle chaque jour renouvelé que nul problème ni drame ne doit faire oublier.

9

Pédagogues et républicains

Un débat pépère

Commençons donc par la querelle la plus rebattue : celle qui oppose pédagogues et républicains. Notre vieux mammouth faisait figure de ring laineux et fédérateur où l'on pouvait discuter pendant des heures de choses aussi fondamentales que savoir ce que nous venions faire dans cette galère et trouver la meilleure manière de nous y prendre. Avec une ambition commune : y arriver. Ce n'était pas un vain débat, même si les joutes prenaient souvent un tour caricatural, au mépris de ce qui se faisait dans les établissements : les classes n'étaient, en effet, pas divisées entre celles où l'on annotait Salluste au crayon de bois sous le regard d'un hussard à l'exemplarité torride et celles où des élèves, assis sur des coussins colorés, retrouvaient tout seuls le théorème de Fermat à l'aide de cupcakes sans gluten confectionnés par des « mamans ». Mais peu importe : ce débat méritait d'être mené ; il a longtemps été essentiel. Il était au cœur de notre identité professionnelle, de notre si chère liberté pédagogique. Le corps enseignant, profondément identifiable par ses mœurs, habitudes, réflexes, sigles, vêtements – ce qui n'est plus le cas, nous le verrons plus loin –, était irrigué par ces questions.

C'est du passé. L'enseignant est devenu « colibri ». C'est Jean-Michel Blanquer lui-même qui a acté le changement de paradigme en comparant les enseignants à un « peuple de colibris », s'inspirant d'une légende amérindienne popularisée par Pierre Rabhi (*the new* Ferdinand Buisson ?).

La colibrisation

Le colibri a d'innombrables qualités. Il est joli, d'un courage certain à modestement transporter sa petite goutte pour éteindre l'incendie. Il est endurant, humble, dévoué. Mais qui, sincèrement, a envie d'être un colibri ailleurs que dans un air de patronage accompagné de trois accords à la guitare ? Qui a envie qu'on lui dise qu'il est grand dans son insignifiance utile, parmi un escadron de fonctionnaires plumés, apportant sa mini-pierre à l'édifice ? Personne. À la décharge du ministre, comparer les enseignants à des condors aurait fait moins *new age* et plus fasciste.

Le problème de cette métaphore aviaire, c'est surtout qu'elle est terriblement juste : les enseignants sont désormais traités, tout au long de leur carrière, comme des variables d'ajustement, des prestataires accablés de tâches dépourvues de toute hiérarchie apparente, mal payés, peu reconnus, sans véritable prise en compte de leurs qualités ou défauts, sans formation digne de ce nom ni digne d'eux, sans considération. Ce qui était un défaut du mammouth auquel on pouvait échapper avec un peu d'inventivité est devenu une méthode, un art du management, un rêve de DRH.

Le romantisme hussard n'a pas pour autant disparu chez ceux qui nous encadrent. Désormais ailé, il soutient ces mutations avec un certain cynisme. L'identité professionnelle bousculée se retrouve ainsi noyée dans le pathos techno, le tout nappé d'un coulis disruptif avec ses métaphores patchouli. La persistance molle, bien qu'endurcie par les réseaux sociaux, de l'opposition entre républicains et pédagogues semble alors une tentative pathétique pour raviver ce que l'on fut, ce que l'on croyait ou espérait être dans l'ancien monde. Celui du mammouth, donc.

Ce dernier avait, certes, beaucoup de défauts. Il était monolithique, lent, en proie à l'inertie, bordélique. Il méritait la critique la plus dure. Mais au moins, en son sein, il y avait la possibilité de faire corps, de se tenir chaud, d'avoir un espace commun, de prendre de la place, de choisir sa trajectoire, d'y réinventer sa dignité et, parfois, d'y trouver de la reconnaissance ailleurs que dans les zones de lyrisme défiscalisé. *A contrario*, au pays des colibris, l'enseignant est seul, sans saveur et sans liens. Performant, mais sans identité. Livré à ses tâches programmées.

Privés d'adhésion

Parmi les innombrables exemples qui pourraient étayer ma description me vient celui de la manière dont les enseignants ont été associés à la volonté de garder les écoles ouvertes pendant la pandémie de Covid-19. Il y avait un discours louable sur l'absolue nécessité, pour les enfants, d'aller en classe, lieu d'apprentissage, de sociabilité, de vie entre pairs hors de leur foyer. C'était une question à la fois de santé mentale, d'égalité et de protection de l'enfance. Aucune personne un peu sensée ne pouvait y trouver à redire. Le souffle de la démarche, façon « ô École, terre de salut, refuge sublime », fut associé à un certain volontarisme : les écoles DEVAIENT rester ouvertes.

C'est ici que le bât a blessé. Car ce souhait ministériel plein d'autorité et de détermination, parfois comique, n'a pas été accompagné d'une quête de l'assentiment des professeurs. Il n'était évidemment pas question de refuser d'aller patauger à trente dans des pièces mal aérées en compagnie d'enfants aux gestes barrière aimablement aléatoires : c'était une question de devoir et de mission de service public. Il était normal de le faire. Mais on a laissé croire que les enseignants n'étaient pas acteurs de ce mantra (conserver les écoles ouvertes) et que, bien au contraire, ils le subissaient à leur corps défendant. En somme, on aurait dit qu'ils avaient ployé sous l'autorité d'un ministre providentiel vent debout pour sauver le pays. C'était sans doute nécessaire pour que la geste politique prenne toute son envergure. C'était plus glorieux si l'on donnait l'impression que les personnels éducatifs avaient cédé, contraints : la possibilité de faire croire à une petite victoire sur la fainéantise et la lâcheté légendaires des enseignants, ça ne se refuse pas.

Ainsi nul n'a-t-il reconnu du courage aux professeurs (pas une pièce, pas un ticket restaurant, même pas un petit applaudissement furtif à 20 heures). Ce manque de reconnaissance s'est appuyé sur un fumeux discours quant à la non-circulation du virus dans les établissements, abondamment diffusé depuis le ministère sans être vraiment contredit, nuancé ni affiné (*breaking news* : le mal circulait quand même un peu en réalité, mais il est vrai que cela n'a pas été l'hécatombe qu'on aurait pu craindre). Sans que les maigres avis discordants soient entendus : les parents avaient envie d'envoyer leurs enfants à l'école, les enseignants n'avaient pas envie de créer la panique, et les journalistes étaient peu féroces. Tout a donc donné l'impression que les professeurs avaient obéi et que, bien malgré eux, l'École continuait.

Ce sont pourtant eux qui, sur place, ont permis d'assurer cette continuité tant désirée. Ce sont eux qui sont tombés malades à l'occasion. D'où, chez certains, dont moi, un étrange sentiment : celui de totalement adhérer au souhait ministériel (maintenir les écoles ouvertes) tout en le critiquant, celui d'être d'accord et en désaccord à la fois. Que mon adhésion passe pour une résignation sous la férule d'une contrainte martiale m'a privée de la joie de bien effectuer mon travail dans des circonstances difficiles. Cette tension ne m'a pas quittée de l'année.

La colibrisation m'a de la sorte confisqué la fierté de participer à quelque chose d'essentiel. Pis, les multiples arrangements avec la vérité, les changements burlesques de protocoles très, très renforcés ont été un motif de honte, me procurant l'impression douloureuse de collaborer malgré moi à une forme de n'importe quoi récité avec la plus grande assurance et prétendue fermeté, au lieu d'être reconnue dans ce qui demandait, non un courage immense, n'exagérons rien, mais tout de même un brin d'endurance et d'attention afin que les élèves traversent cette longue période le moins mal possible. À rebours, je me plais encore à imaginer une approche churchillienne de la crise sanitaire : promettre du virus, du postillon et du masque (un peu de whisky aussi) aurait été plus direct et confiant. De leur côté, les professeurs se seraient montrés plus honorés de la responsabilité et du rôle qui auraient été les leurs. Mais bon, il se peut que l'armée britannique n'ait pas non plus été peuplée de colibris…

Cette maigre place, ce rôle mineur accordés aux enseignants lors de l'épidémie ont permis aux plus déboussolés de rejouer la comédie des pédagogues et des républicains afin de s'en sortir la tête haute : certains ont prétendu que le port du masque, c'était l'abolition fasciste de la parole professorale et que, dans ces conditions, c'était Racine, Balzac et Proust que l'on assassinait ; d'autres ont évoqué le traumatisme profond de l'enfant masqué, et parfois imaginé mille idées ludiques autour de la pandémie (on nous a quand même épargné « Apprends la théorie des ensembles avec tes cas contact »). Où l'on voit que la caricature fait désormais office de structure.

Dilution gestionnaire

À l'idée de « colibrisation », il me semble que l'on doit associer celle de « dilution gestionnaire ». D'où vient-elle, cette dilution ? L'hypothèse la plus vraisemblable, c'est qu'à force de multiplier les tâches et les objectifs dans le plus profond désordre, sans souci de hiérarchie (évaluations par compétences, extension des missions de l'enseignant, formalisation des parcours de réussite, socle commun arachnéen, prolifération et éparpillement des contenus d'enseignement soumis aux modes du débat public), on en est venu à avoir une École dont la circonférence est partout et le centre nulle part. Le seul moyen pour l'administration de lui conserver un semblant d'organisation est alors de multiplier les protocoles, les contraintes, et de subdiviser à l'extrême tout ce qui, sinon, lui échapperait.

En outre, le règne de la « démarche » formalisée et du contrôle constant (on enseigne et on renseigne), qui enlève toute spontanéité et toute continuité au geste professoral, a tôt fait de bannir des établissements la vie, le sens profond de la culture et du savoir. Sans oublier une certaine judiciarisation qui dissuade de tout pas de côté. Bref, c'est ainsi que l'on passe d'une ambition de transmettre une culture commune (bien que faisant débat dans ses modalités) à un isolement mécanique seulement tenu par un ensemble d'exigences managériales à peine dissimulées par quelques envolées humanistes.

Il faut qu'une fenêtre soit ouverte et fermée

Un exemple simple permet de mesurer l'état de colibrisation dans lequel nous sommes tombés.

Au retour des vacances d'été, je constate qu'il fait plus de 32 °C dans ma salle. Il fait bien moins chaud à l'extérieur. J'ouvre grand les fenêtres pour laisser entrer l'air et rafraîchir l'atmosphère avant mes premiers cours.

Le matin même, lors de la réunion de rentrée, on nous a annoncé que, pour des raisons de sécurité et de responsabilité, les fenêtres seraient bientôt fermées par un entrebâilleur à clef. C'est la loi. Nous pourrons donc continuer à ouvrir les fenêtres, mais ce ne sera plus un geste simple et insouciant : il faudra ouvrir la serrure. L'acte devient ainsi plus décisif et personnel.

Par curiosité, j'ai regardé quelle était la responsabilité d'un professeur en ce domaine : un article confirmait que la chute d'un élève par la fenêtre de votre salle (ce qui est déjà absolument terrible) pouvait, selon les circonstances, mener à une condamnation pour négligence, voire pour homicide involontaire. Je le savais vaguement sans trop le savoir. Si je pesais les éventuelles conséquences juridiques de mes moindres faits et gestes en classe, je ne ferais ni ne dirais plus rien au nom du principe de précaution.

En somme, laisser une fenêtre ouverte n'est donc pas un acte anodin. Et l'on comprend bien pourquoi. Mais, au même moment, nous sommes à trente dans une pièce surchauffée et peu ventilée ; nous sortons de deux ans de Covid pendant lesquels nous avons aéré comme nous le pouvions (donc mal). Par ailleurs, les hautes fenêtres transforment la salle en étuve. Souvent, nous fermons les rideaux – une entreprise difficile : les tringles sont hautes, les anneaux râpeux, il faut des gestes vigoureux et secs pour y arriver. C'est une question de survie : la lumière du soleil empêche les élèves de voir ce qui est écrit ou projeté sur le tableau. Nous passons tellement de temps dans l'obscurité, d'ailleurs, que je me demande parfois si nous n'allons pas nous métamorphoser en taupes ou en endives.

Tout est effarant dans un tel état des lieux, mais cette histoire d'entrebâilleur n'a rien non plus de scandaleux. C'est juste une réalité accablante. Celle que nous imposent la judiciarisation de la société et la logique gestionnaire de l'Éducation nationale : il est préférable de mourir de chaud (ce n'est pas de notre ressort) plutôt que de prendre le risque, quand même minime, vraiment minime, qu'un élève tombe (c'est notre responsabilité). Pour se sauver potentiellement, il faut enfermer les élèves, alors même que tous les discours de l'Institution vantent l'ouverture, le grand air, la santé et l'hygiène. Mais c'est ainsi, nous sommes davantage protégés dans une salle surchauffée et verrouillée que dans une classe aux fenêtres grandes ouvertes sur l'air qui circule, sur la cour, la ville, le ciel et la vie.

Je ne m'insurge pas. Je vis dans ce monde, et il faut y être prudent. On y est seul et l'on sera sans doute lâché en cas de problème ou d'accident. On peut ne pas en tenir compte, et nous serons nombreux à le faire, évidemment, en pensant malgré tout que ce genre d'histoire n'arrive qu'aux autres. Mais, en tournant la clef dans la serrure, on aura en tête que le geste est potentiellement mortifère.

Le professeur colibri en vient ainsi, menacé d'être en faute, à investir énormément d'énergie et d'affect dans le simple geste d'ouvrir une fenêtre. C'est son choix cornélien, son pari. Il y aurait sans doute des questions plus graves à se poser en ce qui concerne l'enseignement, mais des dilemmes de ce type l'occupent déjà considérablement. Voilà où nous en sommes.

Renfiler le costume du républicain ou du pédagogue manque donc parfois d'actualité ou d'authenticité, mais c'est une tentative éperdue, voire désespérée, pour se tenir droit dans ce contexte. Cet antique débat est devenu un semblant de viatique pour ne pas sombrer.

10

Laïcité et valeurs

Il est un autre sujet fondamental, plus actuel que jamais : la laïcité. La tournure que prennent les discussions a de quoi décourager. Au point que je m'ennuie déjà à l'idée d'aborder cette question dans les lignes qui suivent. Non que l'enjeu ait perdu de son importance, évidemment. Au contraire, même. Mais c'est un débat tellement sorti de ses gonds qu'il donne envie de ne pas s'en mêler. L'heure est pourtant grave. Entre les enquêtes qui révèlent des divergences de plus en plus marquées, chez les adultes comme chez les élèves, quant au sens et à la légitimité de cette valeur et le fait qu'une élève, Mila, n'ait pas pu regagner son établissement parce qu'elle était menacée de mort pour avoir insulté une religion sur les réseaux sociaux, on a de quoi être effaré. Qu'il n'y ait pas eu de défense généralisée de cette désormais ex-lycéenne dans le corps enseignant ne laisse pas d'inquiéter : pouvons-nous tolérer qu'une de nos élèves soit en danger constant et doive vivre protégée ? Alors qu'elle n'a rien fait d'autre que d'user de sa liberté d'exprimer ses opinions ?

Des débats non structurés

Les débats concernant la laïcité prennent chaque jour une teneur plus inquiétante. Ils se cristallisent souvent autour d'aspects passablement secondaires et alambiqués, comme celui des mères voilées qui accompagnent les sorties scolaires (je ne vois absolument pas le problème). Cette question paume tout le monde. Au bout de dix minutes, on a oublié ce qui était en jeu : le droit, l'espace public, l'École, la possibilité dans un pays démocratique de s'habiller comme on le souhaite pour aller faire ses courses, le prosélytisme, la nécessité de faire respecter la laïcité, etc. Au bout de vingt minutes, chacun a perdu de vue qu'il s'agissait au départ d'un débat concernant l'École et son histoire.

Et l'on feint de ne plus voir ce qui s'y joue : l'émancipation, la possibilité pour un enfant d'évoluer, en dehors de sa famille, dans un milieu neutre, de se forger une conscience qui lui soit propre, d'apprendre sereinement, dans un cadre ouvert et rationnel non soumis aux pressions religieuses extérieures. C'est essentiel pour aborder des questions comme l'interruption volontaire de grossesse, l'égalité filles-garçons, l'homosexualité, la science, la théorie de l'évolution, etc. Ce qui consistait dans la délimitation d'un espace de liberté s'est transformé, aux yeux de beaucoup, en son contraire : un instrument de brimade néocoloniale. Il s'agit pourtant de protéger les convictions de tous.

Cette confusion n'est pas l'aboutissement d'une pente prévisible dans tout débat de société. Elle est déjà là au préalable. Notre ouverture bienvenue sur quantité de sujets a peut-être laissé penser que des valeurs fondamentales pouvaient se transformer en leur contraire : les conditions de possibilité de l'émancipation sont dénoncées par certains comme une forme particulièrement retorse de domination.

Dans ces conditions, tout semble confus, et la laïcité, noyée, diluée dans les adjectifs qu'on lui appose, finit par devenir une notion floue, indéterminée, un os à ronger, quand elle se devait de structurer, d'organiser l'espace scolaire. Le débat se poursuit cependant, accumulant les approximations, les glissements, les méconnaissances. S'il est si peu rigoureux et véhément, ce n'est pas seulement parce que les religions, et notamment les graines semées par l'islamisme, se montrent offensives, mais aussi parce que les défenses sont faibles. Ici aussi, la querelle cache une réalité plus sinistre qui participe de la même évolution que celle que j'ai décrite précédemment : la colibrisation.

Encore une fois, le processus de dilution qui touche tous les aspects de l'École n'épargne pas le corps des doctrines et le socle des valeurs. L'héritage d'une laïcité qui avait été conçue de la manière la plus neutre et la plus indiscutable possible est progressivement brouillé par la multiplication des tentatives pour la plier à des exigences particulières qui devraient, par définition, lui demeurer extérieures. Cela induit un véritable phénomène de particularisation qui ne concerne pas seulement la laïcité, mais aussi l'ensemble des valeurs sur lesquelles repose l'École : l'égalité, la liberté, l'autonomie, la rationalité et l'émancipation.

Notre liberté d'expression

À ce sujet, je souhaiterais raconter une anecdote édifiante. En janvier 2015, nous étions une poignée de professeurs invités à la radio pour raconter les jours d'après l'attentat contre *Charlie Hebdo*. Aucun n'a alors voulu donner son patronyme à l'antenne. Non seulement, conformément à leur souhait, ces collègues ont été appelés par leur prénom, ce qui est fort infantilisant, mais, en outre, ils donnaient un étrange éclairage au sujet traité : la défense de la liberté d'expression. Le pire, c'est que c'étaient les représailles de la hiérarchie, et non celles des terroristes, qu'ils craignaient. Certains avaient même demandé l'autorisation pour venir exprimer des choses parfaitement consensuelles. On les comprend malgré tout : il s'avère que la liberté d'expression des professeurs, sujet entouré d'un vaste flou savamment entretenu (entre exemplarité et devoir de réserve), n'est pas particulièrement encouragée. Pis, elle est à l'occasion condamnée, voire punie, dans le moment même où elle est glorifiée. Ce double lien est un autre avatar de la colibrisation. On se demande alors comment l'Éducation nationale peut imaginer une réelle transmission des valeurs et principes quand elle intimide par la crainte, et non par l'autorité, ceux qui sont censés les réaffirmer en temps de crise. En vérité, on a affaire à une École qui craint d'avoir des adultes dans les classes et qui ne parvient plus à hausser la voix pour protéger les valeurs qui légitiment sa mission.

Face à des postures radicales, l'École n'a pas su défendre ce qui semblait acquis et dont l'évidence tranquille s'est transformée en persistance vague et molle. Il me semble, c'est une hypothèse, que c'est au lendemain de l'attentat contre *Charlie Hebdo* qu'un verrou a sauté. De toute évidence, on en a discuté ici ou là dans les classes. Ce qui était une bonne chose. Il fallait que la parole se libère, dans le calme. Tout ne s'est pas joué lors des minutes de silence, perturbées ou non. Le vrai problème est que, par souci de bien faire, on a fini par débattre de ce qui ne devait en aucun cas faire débat : la condamnation du meurtre des journalistes. Il n'y avait pas à être pour ou contre ; un terroriste n'est pas un individu

« controversé ». La fermeté n'a pas forcément été au rendez-vous, et l'Éducation nationale n'a pas fourni l'assurance ni la protection nécessaires à ses personnels pour tenir le cap. L'École n'a pas été préparée à accuser le coup sous la pression de pensées ou de convictions plus assurées et offensives. À force, incidemment, un relativisme pernicieux s'est installé, une mollesse intrinsèque s'est distillée, et on a pu laisser penser que, après tout, le meurtre de journalistes, de professeurs ou le harcèlement de Mila, c'était regrettable, mais qu'il y avait des raisons objectives, et que la laïcité, c'était bien, mais quand même un peu contraignant. On pourrait aussi estimer que la formation des professeurs n'a pas toujours été à la hauteur. Pis, qu'elle a encouragé de manière un peu idéologique l'atermoiement ou le renoncement. Par prudence, pusillanimité ou militantisme, la laïcité a été en quelque sorte dévaluée ou instrumentalisée.

Le professeur colibri, seul et fragile, s'est ainsi retrouvé sans voix, vague animateur, comme sur une plaque tournante d'opinions qu'il n'organise pas, trop infantilisé et caporalisé pour réaffirmer des valeurs qui soutiennent ce que l'on considérait encore autrefois, avec une délicieuse grandiloquence, comme une mission. Aujourd'hui, les enseignants, que l'on souhaite exemplaires (comprendre sages, efficaces et disciplinés), peinent à incarner, voire à soutenir, les valeurs qui sont au cœur de l'édifice éducatif. Ils ne sont ni épaulés ni accompagnés pour ce faire.

Mort de l'ethos enseignant

Le professeur type, celui du folklore, des souvenirs, des colliers de barbe et des vieux pulls, est en voie de disparition. Ce personnage un brin caricatural, c'était l'enseignant de gauche, adepte calme d'une ligne réformiste, opposé aux radicalités de toutes sortes. Évidemment, cette figure archétypique manquait un peu de lustre et de modernité, mais elle avait le côté rassurant des bonnes vieilles valeurs sociales-démocrates ou du communisme à la française période déclin. Sa virulence idéologique était assez tiède, il n'aimait pas les injustices, s'enthousiasmait pour les Lumières et l'universel, se méfiait tranquillement des opiums du peuple. Bref, c'était le type de gauche *next door*.

Comme Gregor Samsa, le héros de *La Métamorphose* de Kafka, qui se réveille « au sortir de rêves agités » transformé en un « monstrueux insecte », ces hommes et ces femmes, ces enseignants de gauche, se retrouvent aujourd'hui « controversés », accusés d'avoir les plus pénibles arrière-impensés et de faire le jeu des plus ignobles centristes que la Terre ait jamais portés. Plus triste encore, certains professeurs, pas encore tout à fait chenus, découvrent, fauchés en pleine jeunesse, qu'ils pensent comme des « boomers ». En ne changeant rien pour que tout change, ils sont sortis de leur zone de banalité. À la gauche de la gauche, on les excommunie ; à droite, on est désireux de les coopter. Misère.

Ils sont attachés à la « laïcité » ? Voilà qu'on les imagine en mercenaires républicains, étendard tricolore au poing. Quand ils parlent d'« émancipation », on les voit arracher des petits enfants des bras de leurs parents pour les convertir à une nouvelle non-religion. Quand ils défendent le droit de faire des caricatures, on les soupçonne de corrompre la jeunesse en lui montrant d'horribles images. Quand l'obsession de certains pour la « race » les perturbe, on les taxe de néocolonialisme.

Quand ils évoquent la violence physique, on les croit trop sommaires pour connaître l'existence de la violence symbolique. Même leur bon vieil universalisme est considéré comme une manœuvre sournoise pour « ne voir qu'une seule tête », la bonne de préférence, afin que rien ne dépasse. Quand ils se fâchent parce qu'on souhaite les bannir de la gauche, on les accuse de briser l'unité populaire et de jouer les traîtres irréconciliables. Et pourtant, comme le disait si bien Julio Iglesias, ils n'ont pas « changé ». C'est bien la preuve qu'ils sont rigides et conservateurs : ils deviennent à ce titre un problème. Qui permet d'en éluder d'autres plus brûlants.

Il est alors difficile, pour quelques-uns, de résister aux sirènes de la droite, et quantité de gens, charmés, se mettent à ressembler au portrait qu'on a injustement fait d'eux. Il est si douloureux de supporter le désamour des siens : le ressentiment et la colère font le reste. D'autres commencent à se remettre en question : après tout, ne sont-ils pas insensibles aux souffrances ou aux évolutions de l'époque ? Ceux qui s'efforcent de se justifier sont inaudibles : comme chez Kafka, la carapace réactionnaire dont on les a affublés les empêche d'être vraiment écoutés. Ils se retrouvent ainsi, ici ou là, dans les journaux, les écoles ou les universités, sinon en minorité, du moins dotés d'une voix de gauche qui peine à porter et à être acceptée.

Il se pourrait que cette gauche, si elle ne trouve pas rapidement un moyen efficace de s'exprimer et d'être entendue, finisse par ne plus être représentée. C'est déjà en grande partie acté. Sa disparition plus ou moins programmée laissera des valeurs et des idéaux à l'abandon. Ces derniers, vulnérables, seront récupérés et recyclés par ceux qui en ont une lecture délétère et sans réelle humanité. Pour ajouter à la confusion, la droite, longtemps hostile à l'universalisme des droits de l'homme, semble en être devenue le dernier rempart. Sur un mode plus excluant qu'intégrateur.

Tristes cautions

À cet égard, il faut prêter attention au succès qu'a rencontré chez les enseignants un article de François Héran, « Lettre aux professeurs d'histoire-géographie », qui a ensuite donné lieu à un livre paru sous le titre *Lettre aux professeurs sur la liberté d'expression.* J'en ai été personnellement assez choquée. Qu'un professeur au Collège de France expose son avis informé sur la question (les références ne manquent pas dans l'ouvrage, les concepts non plus, même si des spécialistes les contestent), c'est son droit. Et cela a suscité un juste débat. Qu'il s'adresse dans un premier temps aux professeurs d'histoire-géographie à la suite du meurtre d'un des leurs, puis aux professeurs en général, c'est tout aussi légitime. Même si, à vrai dire, personne ne lui avait rien demandé et que cette initiative d'*academicsplaining* à destination des enseignants de collège avait quelque chose d'assez agaçant.

Les intentions affichées semblent, par ailleurs, en cacher d'autres moins avouables et à tout le moins difficiles à concilier avec la prétention de recadrer le débat autour d'une position prétendument équilibrée : on s'aperçoit, en le lisant, que l'auteur plaide pour une conception de la liberté d'expression et du « respect » qui pourrait conduire à s'abstenir de tout propos ou analyse critique susceptible de heurter les convictions religieuses, accordant ainsi aux religions le privilège de limiter les libertés. Ce qui est une étrange interprétation de la laïcité, puisque cette dernière protège les croyants et les non-croyants à égalité. C'est son principe même. Les convictions des uns comme des autres peuvent s'exprimer dans des limites bien définies (ne pas inciter à la haine, respecter l'ordre public et ne pas faire de prosélytisme dans le cadre scolaire). Et c'est ainsi que nous fonctionnons. Du moins quand nous ne cédons pas à l'autocensure.

Il y a aussi dans ce texte une ignorance des programmes, des méthodes, de la forme que prennent nos cours, ainsi que du climat qui y règne. L'auteur imagine-t-il qu'on insulte les religions à longueur de trimestre ? Ce serait bien peu laïque, justement. Estime-t-il qu'on fait n'importe quoi sans réfléchir ? En classe, on enseigne, et l'insulte n'est pas au programme. Elle est même interdite. Nous sommes respectueux, évidemment (personne ne couvre d'injures les prophètes, les dieux, les saints et les anges), mais nous ne cédons pas à tous les caprices, notamment de la part de ceux qui invoquent leur religion pour borner la liberté des autres à leur guise.

Puisqu'on parle de respect, on pourra naturellement juger que les caricatures de *Charlie Hebdo*, en général, ne sont pas pleines d'aménité pour les religions ou autres. Oui, c'est même leur qualité première, leur force et leur drôlerie. Simplement, quand un attentat décime la rédaction d'un journal, il est normal que l'on montre aux élèves ce qui l'a motivé (un dessin). Il s'agit alors d'un document historique. C'est aussi simple que ça. Personne, du moins je le crois, ne se sert d'une caricature publiée par *Charlie* pour faire un cours sur le christianisme, le judaïsme ou l'islam.

Dans les prises de parole sur ces sujets difficiles, notre travail est trop souvent passé sous silence. Nous n'arrivons pas en jetant des informations ou des images à la tête des élèves. Nous les transmettons, nous les contextualisons. Il se peut même que l'on s'y prenne habilement et que l'on réfléchisse à ce que l'on fait : pour ma part, je ne manque jamais d'évoquer la question de l'iconoclasme quand c'est possible. Avec le programme d'histoire, les occasions sont nombreuses. Quand je fais un cours sur les caricatures, je les replace dans ce contexte : si j'insiste bien sur la singularité historique des attentats qui nous touchent, je montre aussi que le problème posé par les images est ancien. D'autres font tout autrement.

En somme, à la manière d'un Séraphin Lampion cultivé, l'auteur de *Lettre aux professeurs sur la liberté d'expression* a donné des cautions intellectuelles (mais contestables) à notre légitime trouille, d'où son succès. Et peu importe qu'il semble ne rien connaître à ce qui se passe en classe ni à ce qu'est la laïcité à l'École : notre modestie complexée et notre peur ont créé une forme d'assentiment.

Un assentiment d'autant plus choquant que cette lettre était, dans son intention comme dans son procédé, d'une muflerie sans égale et d'un manque de tact intersidéral : un professeur est décapité, et, même s'il s'en défend évidemment, F. Héran vient expliquer ce que Samuel Paty aurait dû faire et ce qu'il a mal fait. Une dose de pleurnicherie compassionnelle ; deux doses de morale savante.

Si le succès de ce texte peut sembler anecdotique, il a du moins une immense portée symptomatique : dans le fond, que la liberté d'expression soit infléchie par le respect des croyances et des croyants, qu'elle prenne donc une teinte religieuse, c'est un coup de canif dans la laïcité, et beaucoup s'en sont satisfaits. Après, on aura du mal à dire que le blasphème n'existe pas en France…

Tout demander à l'École ?

Il n'est cependant pas inutile de s'interroger : dans un contexte aussi difficile, ne demandons-nous pas un peu trop à l'École comme aux enseignants ?

Après l'attentat contre Samuel Paty, il a été envisagé qu'un collège du sud de la France prît son nom. Mais 100 % des enseignants de l'établissement, lors d'une consultation, s'y sont opposés. Évidemment, certains ont dénoncé leur lâcheté, leur manque de solidarité, ainsi que le sinistre symbole incarné par leur refus. Bien sûr, ce rejet unanime est en apparence consternant. Mais je crois qu'il faut aller un peu plus loin dans l'analyse de cette réaction.

Est-elle surprenante ? Pas pour ceux qui ont attentivement suivi ce qui s'est dit après l'attentat. J'en ai déjà parlé plus haut : cela allait de l'hommage invraisemblablement escamoté et bâclé par l'Institution aux clivages entre professeurs, en passant par des attitudes choquantes (indifférence et atermoiement). Par décence ou fatigue, il n'y a pas eu de rupture consommée, mais un fossé s'est creusé.

Face à ce refus, fallait-il dénoncer la « trouille » du corps enseignant ? Cette peur ne grandit personne, certes, mais rappelons-nous quand même qu'elle a une part de légitimité. Les professeurs sont menacés, l'un d'entre eux a été assassiné. Et quand on évoque un collège, on parle d'un lieu rempli d'enfants dont nous sommes responsables.

Certes, face à l'Histoire, d'un point de vue symbolique, c'est tout autrement qu'il faudrait s'y prendre, mais, sur le terrain, c'est plus compliqué : le courage n'est pas la qualité la plus plébiscitée dans une Éducation nationale qui fuit toute vague. Comment rester grand et noble quand on vous a transformé en administrateur docile et craintif de votre enseignement ? L'ethos enseignant a explosé en plein vol et semble avoir perdu de son évidence. Le courage sera désormais une aventure solitaire, aux risques et périls de celui qui en fait preuve.

N'oublions pas non plus que la responsabilité des adultes quant à la sécurité et au bien-être des enfants peut légitimement les faire réfléchir à deux fois avant d'exposer ceux qu'ils doivent protéger. Ce n'est pas aux élèves d'assumer, au risque de leur vie, nos choix courageux.

Pensons aussi à tout ce qui se passe en dehors des écoles. On invective anonymement sur Twitter, on s'occupe de sa petite entreprise, on commente tranquillement à longueur de journée, distribuant les bons et les mauvais points, tout en demandant aux établissements scolaires d'être des caisses d'enregistrement de ce qu'il y a de plus dangereux et terrible. Mesure-t-on ce qui pèse sur les épaules de l'École et de ses professeurs : guerre d'Algérie, Shoah, génocide arménien, terrorisme, pressions religieuses, drogue, pauvreté, inégalités, etc. ? Il est bien sûr de leur devoir d'affronter de telles choses. Mais c'est épuisant.

Que ceux qui dénoncent la réticence d'une équipe éducative songent aussi à ausculter leur propre courage. Ils peuvent commencer par lire *Charlie Hebdo* dans les transports en commun. J'ai essayé : les regards des voyageurs ne mettent pas tout à fait à l'aise.

L'École, ne l'oublions pas, doit être aussi du côté de l'espoir et de l'avenir ; elle ne peut être uniquement un « autel de morts », un lieu dans lequel la société blanchit ou recycle son histoire ou sa mauvaise conscience. Or ce qui manque précisément, c'est la vie. Et un horizon. Surtout après des confinements difficiles, avec des élèves qui ne vont pas très bien, de la violence, des résultats scolaires préoccupants dans les statistiques et des perspectives qui sont, au mieux, floues.

J'espère que j'aurais voté pour que mon collège prenne le nom de Samuel Paty. J'en suis même certaine. Néanmoins, je mesure la fragilité d'une École épuisée et désorientée à laquelle on demande tellement.

11

Le wokisme et la morale

Aux hésitations et vacillements que subissent les valeurs les plus traditionnelles s'ajoute une nouvelle tendance qui accentue encore la propension à douter du bien-fondé du socle éthique sur lequel on s'appuyait.

Le débat autour du wokisme est apparu progressivement et s'est accéléré il y a quelques années avec la publication des « ABCD de l'égalité », un programme d'enseignement contre les préjugés sexistes lancé par la ministre Najat Vallaud-Belkacem. Il a pris une tout autre ampleur quand il a été question de l'influence des courants woke au sein de l'École, puis quand Pap Ndiaye, suspecté par beaucoup d'appartenir à cette mouvance, a été nommé à la tête de l'Éducation nationale au printemps 2022.

En ce qui concerne le collège, auquel je me limiterai, cette question brûlante se pose sous deux angles : le wokisme est-il réellement influent au sein des classes de collège ? Les problèmes qu'il soulève sont-ils pertinents ?

Pédagogie et brutalité

Pour dire les choses rapidement, on aura compris que je n'ai pas tout à fait l'esprit « woke ». J'ai du mal avec la censure, les déboulonnages de statue et la *cancel culture*. Le manque de hiérarchisation dans les souffrances évoquées me pose un problème : il me semble que ce n'est pas la même chose de rencontrer un terme raciste dans un ouvrage ancien, à condition qu'il soit expliqué ou contextualisé, et d'être victime de racisme larvé ou ouvert aujourd'hui ; il me semble que ce n'est pas la même chose de lire Voltaire, malgré des passages pénibles, et d'être en butte quotidiennement à des remarques antisémites.

La douleur infligée par les préjugés, le rejet, les stéréotypes est vive, intense et sans réelle consolation autre que celle que peut parfois apporter la justice. Le passé, lui, est passé. On ne le changera pas. Il nous heurtera toujours. Mais on a les moyens intellectuels de le juger et de l'appréhender ; c'est une des missions de l'École que de fournir un cadre et des outils pour que ce soit possible, par-delà les blessures mémorielles.

Il ne faut pas faire cependant comme si tout allait de soi : un élève noir qui lit ou entend trente fois le mot « nègre » dans un texte pourra en être affecté et blessé. C'est d'ailleurs un terme que j'ai le plus grand mal à employer en cours, même avec des précautions et des guillemets. Le stigmate, à force d'être ravivé par les mots, devient de nouveau opérant et menaçant. Il ne s'agit donc pas de faire comme si ce que soulève le mouvement woke était négligeable.

Mais si tout est concerné, si plus rien n'est toléré, hiérarchisé, si tout le monde risque le bannissement et si personne n'ose plus prendre la parole de peur de mal dire, la classe et la transmission ne sont tout simplement plus possibles : en cours, nous sommes un groupe, un ensemble, un corps, pas une accumulation de micro-blessures hétéroclites. Il faut donc rester dans un cadre raisonnable, collectif et ouvert : rien n'interdit aux élèves de s'interroger et de questionner leur enseignant sur tel ou tel aspect du problème, sur un passage dans un livre, sur un événement historique. Si le climat est apaisé et la confiance réciproque – et c'est loin d'être toujours le cas –, il est toujours envisageable de discuter, de remettre les choses en perspective, en contexte, sans pour autant noyer le poisson ni faire croire que – autres temps, autres mœurs – le racisme était alors chose normale.

L'essentiel est d'évoquer les débats actuels, d'en donner les éléments, de les regarder en face et de ne pas attendre qu'ils vous tombent dessus parce que vous les aurez considérés comme non pertinents. Et de le faire à chaque occasion : actualité, article, tableau, etc.

Tamango

Chaque année, avec mes classes de quatrième, je lis une nouvelle de Mérimée qui se nomme *Tamango* : un court texte qui plaît beaucoup aux élèves et dont je leur fais la lecture. C'est une dénonciation en règle de l'esclavage. La charge contre la traite n'empêche cependant pas l'écrivain de multiplier les passages racistes (sous sa plume, les Africains sont naïfs, enfantins, joyeux et dupes).

Avant de lire l'ouvrage, j'opère un travail de contextualisation. Et j'explique surtout ce que je suis en train de faire (la contextualisation doit elle-même être explicitée, avec ses bienfaits et ses limites). J'annonce aussi qu'à mes yeux les livres ne doivent pas être expurgés ni censurés, mais que certains pensent autrement et que je serais heureuse d'avoir l'avis de chacun à ce sujet.

Vient le temps de la lecture, de l'analyse et des précisions utiles. La plupart du temps, cela se passe bien : les élèves sont émus par l'histoire, ils en repèrent l'ironie comme la dimension humaniste.

S'il y a un problème, il est davantage chez moi.

En lisant à voix haute, je m'aperçois que tous ces passages racistes (et encore, dans *Tamango*, c'est un racisme très relatif), même critiqués et dénoncés, me mettent mal à l'aise. Quand un propos est raciste, mille précautions et analyses ne le rendent pas moins raciste. On pourra évidemment rétorquer que ma salle en a vu d'autres. Elle a pu accueillir des extraits des lois de Nuremberg ou du Code noir, ainsi que toute la violence de l'Histoire.

Je continue, donc, mais je suis de plus en plus gênée. C'est une chose d'étudier un document historique, c'en est une autre de faire entendre agréablement une nouvelle engagée. Je me morigène : je dois cesser de m'égarer. J'en fais trop, et tout se passe bien.

Pas tant que ça, en réalité : incidemment, je commence à modifier un mot, puis deux, à reformuler une phrase, à couper dans le texte. Au fur et à mesure, je me retrouve à lisser la nouvelle, à la débarrasser de ses aspérités racistes. Par souci de transparence, j'en avertis les élèves.

Suis-je en plein accès de *cancel culture* ? Pas exactement. Mérimée n'est ici ni effacé ni jugé. Suis-je prise de passion pour l'édulcoration ? Aucunement. Enfin, si, un peu. En même temps, c'est ça aussi, enseigner : on donne aux idées, aux faits, une forme audible sans trop les dénaturer pour qu'ils puissent être reçus par des enfants. Je suis sans doute, dans ce moment-là, un peu perdue.

Le plus important, dans cette anecdote, c'est de comprendre que, au milieu des élèves, les clivages idéologiques les plus raides sont souvent bousculés. Que des polémiques violentes, woke ou anti-woke, puritanistes ou républicanistes, ont une autre teneur en classe. L'enseignement suppose une certaine bonne foi, de la sobriété et du pragmatisme ; il refuse les excès et oblige à emprunter une voie ferme, mais nuancée. C'est pourquoi toute guerre des tranchées en ces matières me semble aussi caricaturale que futile.

On pourra m'objecter que j'ai été, quelques pages plus haut, fort critique envers la *Lettre aux professeurs* de François Héran. Elle demandait du respect pour les croyants, et je fais ici justement de même. Je ne pense pas être en pleine contradiction : il faut du respect pour les élèves en général. Ce respect obéit à des injonctions humanistes, intellectuelles, pédagogiques et civiques. Il ne dépend en rien d'un dogme, d'une idéologie ni d'un quelconque caprice. Le respect n'est pas un préalable qui viendrait nous empêcher de faire telle ou telle leçon : il est partout, dans l'acte même d'enseigner. Il suppose ainsi qu'on évoque toutes les questions qui fâchent et que, pour ce faire, on s'appuie sur des éléments tangibles. Sinon, on reste dans le fantasme et le flou.

Après, tout est dans l'art de la transmission : affronter un sujet brûlant n'empêche ni le tact, ni la clarté. C'est même le cœur de notre métier. Évidemment, c'est un art de plus en plus mis à mal par des accès de mauvaise foi, de haine, d'embrigadement (c'est aussi ce qui a coûté la vie à Samuel Paty). Et l'on comprend qu'il soit plus facile d'invoquer un respect *a priori* et de ne pas se lancer dans la lecture de *Tamango*. On prétendra être attentif et l'on masquera sa lâcheté. Peut-être, en même temps, n'est-il pas inutile d'être prudent. Dans ce cas, ce serait mieux de l'avouer.

Autocensure

Il m'arrive moi-même, trop souvent, de m'autocensurer : je ne me refuse à évoquer aucun sujet, mais, de plus en plus, je mets les formes et je suis moins frontale que je ne l'ai été. Cela se voit à de légères inflexions, des détails. Je ne suis pas certaine qu'un observateur extérieur s'en rendrait compte ; moi en revanche, intimement, je l'observe. Et je sens que, sans trahir principes ni valeurs, je prends des pincettes : comme tout le monde, je suis déjà épuisée à l'avance de recevoir des contestations de parents.

Parfois, le soir, en rentrant, je repense à un truc que j'ai pu dire, anodin le plus souvent, et j'appréhende telle ou telle réaction. Puis je me souviens que ce qui se passe dans mon cours, sans être évidemment privé, engage prioritairement la relation que j'ai avec mes classes : ce qui s'y dit, tant qu'on est dans le domaine du raisonnable, de la déontologie et de la loi, regarde avant tout les élèves et moi. Sans pour autant que ce soit secret ni qu'il y ait quelque chose à cacher.

Pour donner un exemple plus concret, je me souviens d'une discussion sur l'homosexualité qui avait fait surgir des remarques homophobes : l'homosexualité était, selon un élève, « répugnante » et « contre nature ». J'ai démonté un par un ses arguments, j'ai expliqué la gravité de l'homophobie. Cela a été un moment courtois, mais ardu. Il y tenait, ajoutant même qu'« imaginer des homosexuels en train de faire l'amour » lui était insupportable. Un peu trop spontanée, j'ai rétorqué que, sans doute, imaginer ses propres parents dans cette situation ne le mettrait pas très à l'aise non plus et que, en fin de compte, cela ne regardait que les gens consentants qui étaient concernés. Ma réponse a provoqué une petite onde de choc dans la classe. Je me suis immédiatement dit que j'avais « merdé ». Et pourtant, il n'y avait peut-être rien de plus clair pour démontrer que la sexualité des autres était chose privée.

En rentrant chez moi, j'étais assez mal. J'ai imaginé des protestations de parents choqués par ma remarque ou ma condamnation de l'homophobie (cette dernière est monnaie courante non seulement chez les élèves, mais aussi chez certains de leurs parents). Il m'a fallu, pour dissiper mon angoisse, remettre les choses en ordre : il ne manquerait plus qu'on juge mon style ou ma manière de m'y prendre quand je fais mon travail et lutte légitimement contre des préjugés ou des haines insupportables. Je me suis réarmée, et j'ai fini rassérénée.

Sans doute cet épisode a-t-il fait l'objet d'un petit échange sur les groupes WhatsApp parentaux, ces groupes mêmes qui finissent parfois en croisade anti-prof (de gentils indics, choqués par ces attitudes numériques nouvelles, nous font part de la teneur de ce qui s'y raconte et nous envoient à l'occasion des copies d'écran !). Chaque enseignant y est jugé, dénoncé pour ce qu'il dit, fait, ne fait pas, pour une punition, un contrôle dont on ne comprend pas le barème. Comme dans tout groupe, à force de réponses et de messages lapidaires, cela finit par monter en puissance, et un professeur peut être démoli pour une broutille.

Là encore, tout cela conduit rapidement à conclure que, en étant le plus prudent possible, le moins impliqué du monde dans les questions clivantes, on aura la paix.

Sensibilités

En réalité, peu de sujets sont aujourd'hui consensuels.

Depuis le début de ma carrière, j'adore passer à mes élèves de sixième des extraits du film de Flaherty *Nanouk l'Esquimau.* Ce dernier chasse un peu tout : le morse, le phoque, le poisson, le renard. Puis dépèce et mange. En noir et blanc – les images datent d'il y a un siècle. En général, les classes sont très intéressées.

Récemment, cela n'a pas été si simple. Deux élèves se sentaient très mal. Elles ne supportaient pas la moindre image de ce qui était, selon elles, de la maltraitance animale. Je leur ai donc proposé de ne pas regarder ces scènes, de lire un livre, voire de se retourner.

Bien sûr, j'ai pensé au cours de Samuel Paty. À cette prétendue « maladresse » qui lui a été reprochée, à savoir de proposer aux élèves qui seraient potentiellement choqués de quitter la salle pour un moment. Ce qui, dans son cas, était évidemment louable.

Que les enseignants commettent des « maladresses », ou du moins ce qui peut être considéré comme tel si l'on se place du point de vue de la sensibilité de chacun, c'est évident et d'ailleurs inévitable. Les élèves en surpoids pourront être blessés que, dans un cours de géographie, on évoque l'obésité comme un problème ; une élève dont la mère est morte pourra être chagrinée d'entendre raconter l'histoire d'un enfant qui perd un parent… On ne peut pas tout savoir ni tout déminer. On ne peut pas anticiper toutes les bévues potentielles. Mais il est possible de dire aux élèves que, si quelque chose les peine, ils sont les bienvenus pour venir en parler à la fin du cours.

Ces « maladresses », qui ne sont le plus souvent que l'évocation en classe de la vie comme elle est, donc tragique, sont légion.

Lors de la projection de *Nanouk*, je me bornais à évoquer la question de la survie dans les milieux polaires il y a un siècle ; nous ne parlions ni de la viande, ni de la chasse, ni de l'élevage. Et pourtant, tout s'est passé comme si ma volonté de montrer ce film était le signe d'une indifférence à la cause animale.

Cette histoire me mène à me demander s'il est encore possible de faire un cours pour tous, d'avoir un discours commun, de montrer des images à l'ensemble des élèves. Ma réaction était-elle maladroite ? Devrais-je arrêter de montrer ce film ? Il y a vingt ans, quand des élèves étaient heurtés par la mort du morse, je leur répondais vertement d'arrêter leurs chichis, qu'il fallait bien survivre dans le Grand Nord et que j'en avais marre de leur sensibilité à géométrie variable. Je suis devenue plus délicate, je n'ai sincèrement pas envie de traumatiser la jeunesse. Il n'y a pas qu'elle qui évolue : moi aussi.

En même temps, je n'ai pas fait ce métier pour renoncer à ce que je souhaite transmettre, aux valeurs qui le soutiennent. Où est la pédagogie, où est l'édulcoration ? Le tact est-il une intelligence du métier ou un renoncement ? De fait, l'ambiguïté de ces cours échelonnés à toutes les susceptibilités n'est peut-être rien d'autre que l'avenir (peu radieux, voire sinistre) de l'éducation. On y perdra beaucoup, dans la mesure où le réel ne se plie pas à la morale.

Soumettre les contenus d'enseignement aux limitations fixées par chacun selon ses croyances, valeurs ou convictions ouvre à une surenchère sans fin d'interdits qui ne peut laisser subsister que des platitudes vagues et lénifiantes.

Il est évident que ce phénomène, lui aussi, va dans le sens des grands mouvements contradictoires à l'œuvre dans l'enseignement (hyperindividualisation, colibrisation, inclusion de façade, pixellisation de l'élève par le biais de l'évaluation par compétences, etc.).

Toute la question est alors de savoir comment équilibrer ces tendances en apparence incompatibles et selon quel principe hiérarchiser ce qu'elles ont de légitime. Faire appel au « bon sens » ne suffit évidemment pas tant l'École, comme les élèves et leurs professeurs, est traversée par ces mouvements puissants. Si trouver une boussole n'est pas chose aisée (l'Éducation nationale n'en fournit plus), il ne faut pas, néanmoins, laisser ces écueils en suspens. Il est nécessaire de les surmonter. Les expliciter en classe est une première nécessité. Il s'agit ensuite de déterminer ce que l'on souhaite faire et transmettre, la manière dont on s'y prendra, qui est essentielle, et être capable de l'assumer et de le défendre. C'est désormais un travail solitaire qui concerne chaque enseignant. On ne peut s'en dispenser, au risque de limiter considérablement le champ de ce qui est montrable, lisible, ou de ce qu'il est possible d'évoquer en cours.

Sus au Néolithique

Mais après tout, dira-t-on, n'avons-nous pas simplement affaire à quelque chose qui a toujours existé, à savoir le militantisme enseignant ?

Ce dernier a toujours été, certes, une réalité, mais aussi une source de fantasmes, d'inquiétude ou de plaisanteries. Dans le merveilleux film *Profs*, de Patrick Schulmann, le fameux Charles Max, professeur communiste s'il en est, compare les frontières et les côtes « agressives » des États-Unis à celles, naturelles et douces, de l'URSS. Nous avons tous eu dans notre scolarité un maître enchanté par la RDA, fan de Robespierre ou, au contraire, antirévolutionnaire convaincu. Nous en avons bien ri à l'époque, et on le regretterait presque maintenant que nous avons tous été colibrisés : ce trait de caractère ostentatoire conférait à l'enseignant une singularité comique et signalait son rapport personnel, bien qu'assez banal, à ce qu'il nous transmettait. Certes, cette attitude était pédagogiquement regrettable. Mais étions-nous dupes ? Je n'en suis pas certaine : la dimension risible du personnage était si puissante qu'elle prenait le pas sur un possible embrigadement.

Si l'on ne plaide pas pour cette posture déontologiquement inacceptable, on conviendra cependant qu'elle a quelque chose de moins sournois qu'un discours militant qui avance à pas feutrés, *a fortiori* s'il se révèle secrètement prosélyte et de surcroît culpabilisateur. Le diable est souvent dans les détails.

Dans un cahier d'activités d'histoire-géographie tout ce qu'il y a de plus sérieux et respectable, les auteurs invitent les élèves à se poser cette question : « La “révolution” néolithique a-t-elle été un véritable progrès ? » Deux documents savants et informés les aident à s'orienter. Ces textes insistent exclusivement sur les méfaits humains et environnementaux du Néolithique. Telle qu'elle est présentée, cette période de l'histoire apparaît comme ayant apporté quelques évolutions concrètes (sédentarisation, agriculture, etc.), mais au prix de fléaux comme les caries, les épidémies, les rats, un travail éreintant, une menace sur la vie sauvage et le saccage nécessaire d'un âge d'or révolu.

On ne peut pas dire que les documents fournis soient faux ni réellement contestables. Ils sont en phase avec l'historiographie récente (et avec des thèses plus anciennes, celle de Rousseau par exemple). Ils sont même propices à une discussion intéressante sur la notion de progrès et ouvrent une réflexion pertinente sur les effets ambivalents de la technique et de la domestication.

Là où cela devient problématique, c'est que nous ne sommes pas dans un colloque savant, mais en présence d'élèves de 11 ans. C'est à eux que l'on s'adresse. Et que vont-ils retenir ? Que l'homme, cet égoïste, n'a pas su se satisfaire du nécessaire et s'est laissé dépasser, certes dans des circonstances indépendantes de sa volonté, par son envie de dominer un peu tout.

On a ainsi quitté les vignettes d'un roman préhistorique célébrant les temps bénis de la sédentarisation pour tomber dans un autre plus apocalyptique, celui de l'homme qui, dès le début, casse les jouets que Mère Nature lui a aimablement prêtés. C'est davantage une condamnation de l'être humain qui est ici transmise que des connaissances sur le Néolithique.

Comme toujours, les intentions, même louables, ne suffisent pas. L'important est dans la réception : les élèves ne vont-ils pas se dire que la moindre nouveauté vient perturber un ordre du monde bienheureux et que, sans les hommes, tout irait bien mieux ?

Voilà comment ce qui était conçu comme une invitation à la nuance, à la mise en perspective historique et anthropologique, aboutit à un sermon sans appel qui mobilise en sous-main le thème du péché originel : le prêche se dissimule sous des considérations apparemment savantes.

Wokisme au collège ?

Revenons à l'influence woke au collège. Et retrouvons la question du wokisme, du point de vue non plus des théories éthiques ou philosophiques, mais des représentations que les élèves se forgent, le plus souvent, en dehors de l'École. Notamment par le biais des réseaux sociaux, qui se livrent à cet égard à des surenchères sans fin à coups d'arguments aussi lapidaires que partiels et peu étayés.

Dans cette optique, l'ouverture exigée par ce mouvement conduit paradoxalement à bannir toute mise en perspective d'ensemble : les réseaux sociaux facilitent par leur fonctionnement même ce phénomène. Tout problème douloureux ou complexe y est présenté sous une forme absolue, définitive, péremptoire : c'est pourquoi chacun, y compris les élèves les moins informés, se sent légitime pour en juger. Il ne s'agit même plus de vulgarisation ni d'une entrée dans le domaine public de concepts ardus, ce qui demande un travail de transmission et de pédagogie, mais de fragments d'un corpus théorique par ailleurs important et intéressant distribués sans mode d'emploi, sous une forme figée et sans discussion possible.

Il me paraît ainsi essentiel de faire la distinction entre ce qui se transmet entre pairs et ce qui est enseigné par les professeurs. C'est surtout sur les réseaux sociaux – même si cela doit aussi arriver en classe – que les élèves apprennent à dénoncer Picasso comme un monstre dont il faudrait bannir l'œuvre, à trouver un peu tout raciste ou problématique, à explorer les théories du genre. Les enseignants, du moins au collège, ont évidemment une longueur de retard dans l'évocation de ces questions, qui occupent les groupes d'amis avant d'arriver en cours.

Il faut donc cesser de fantasmer des enseignants hyper woke qui embrigaderaient de jeunes âmes naïves et ignorantes. Et il est urgent de ne pas perdre de vue ce qu'est un élève du XXIe siècle : quand il n'est pas d'accord ou quand il voit des objections potentielles, il le fait savoir, pour le meilleur ou le pire. Les classes réfléchissent, donc, et ne sont pas unanimes. Pour certains élèves avides de déconstruction masculine, on en a d'autres qui se traitent de « pédé » à longueur de journée, ce qui me paraît autrement plus préoccupant.

Je ne nie pas, bien sûr, qu'il y ait des enseignements de ce type. Encore faut-il savoir ce que l'on entend par « woke » : s'il s'agit de dénoncer systématiquement le racisme là où il se trouve ou d'évoquer frontalement les crimes de l'Histoire, je suis sans doute ultra woke ; s'il s'agit d'être radicalement et constamment dans l'accusation ou la victimisation, quel que soit le sujet, alors j'espère ne pas l'être. Enfin, là n'est pas vraiment la question : en cours, on est avant tout enseignant, et il faut se recentrer sur ce que l'on doit et veut transmettre aux élèves, sans s'égarer.

Incontestablement, ce courant a un effet et des conséquences chez les jeunes : pour reprendre l'exemple de Picasso, en quarante ans il est passé, aux yeux des élèves, du statut de l'homme qui peignait comme un enfant de 3 ans à celui de gros porc. Mais est-ce l'École qui a conduit à ce changement de point de vue ? Rien n'est moins certain. Les informations glanées sur TikTok ont parfois plus de poids que celles délivrées en classe : on s'en plaint assez.

N'imaginons pas une idéologie qui, dans les cours ou les manuels scolaires, se répandrait comme une traînée de poudre. En tout cas, pas au collège. Quand cela existe, c'est plus insidieux ou plus implicite, selon le point de vue adopté. J'insiste, je parle uniquement du collège : la situation au lycée ou dans le supérieur semble, elle, bien différente.

Manifestations woke

Comment cette tendance se manifeste-t-elle en cours ? La plupart du temps, c'est par le biais de petites remarques qui, mises bout à bout, révèlent qu'un nouveau prisme s'est installé, qu'un nouveau cadre mental est en pleine élaboration. Il y a bien sûr le traditionnel « La prof m'a collé parce qu'elle est raciste ». Mais il y a aussi des nouveautés. Alors que nous regardons une enluminure du Moyen Âge, un élève demande : « Madame, pourquoi il n'y a pas de Noirs ? » Cette question n'a rien d'illégitime. Il est tout à fait normal que des jeunes se la posent. Certains adultes y verront une revendication victimaire. À mes yeux, c'est tout d'abord un anachronisme. Et ma réponse est simple : j'explique à quoi ressemblait la France du Moyen Âge.

Bien évidemment, les interrogations de ce type entretiennent un rapport avec les effets du wokisme, mais elles ne sont pas malvenues pour autant. L'essentiel réside dans la réponse apportée et dans l'explicitation de ce qui est en jeu (la question de la représentation, l'étude du Moyen Âge). Quand ces questionnements se transforment en contestation, la situation devient plus compliquée : on ne va pas rajouter des personnages sur une enluminure avec Photoshop afin de ne peiner personne. Tout dépend donc du climat qui règne dans la classe et de la manière dont le professeur s'y prend. Bref, la pédagogie, comme toujours, est au cœur de l'affaire. On oublie trop souvent qu'enseigner est un métier et un savoir-faire.

Affronter les questions

L'École n'est pas un sanctuaire hermétique ; les débats qui traversent la société ont nécessairement une résonance en son sein. Les enseignants, l'Institution n'ont rien à gagner à détourner le regard ou à se placer dans une posture obsidionale. Il faut être ferme et souple. Cela signifie, par exemple, ne pas accepter que tout, de l'énoncé de maths au roman à lire, devienne objet de contestation ; mais c'est aussi être d'accord pour mener avec les élèves un dialogue, le plus serein possible, ce qui est envisageable avec les plus jeunes. Il ne faut pas craindre de s'interrompre et de consacrer du temps à ces questions quand elles surgissent. On gagnera à saisir la balle au bond et à évoquer ces sujets de soi-même dans des moments plus calmes.

Cela peut être à l'occasion d'un simple mot : un jour, un élève m'a dit « vous » en parlant des catholiques. L'emploi de ce pronom montrait qu'il considérait qu'il y avait lui et les siens d'un côté, et un certain « nous » de l'autre (ce qui serait, en somme, la France rêvée d'Éric Zemmour). Il n'y avait rien d'agressif dans sa remarque, mais je ne l'ai pas laissée passer. Je lui ai tout simplement demandé ce qui lui faisait penser que j'étais catholique. La discussion a été passionnante et, je l'espère, utile. Dans d'autres cas, c'est bien plus difficile, mais il ne faut pas oublier que les élèves peuvent aussi être sincères, de bonne foi, et qu'ils ne sont pas nécessairement dans la contestation permanente.

On peut tenter aussi d'affronter la question ensemble et de discuter, justement, de ce qu'est l'assignation, d'explorer ce thème. Chose heureuse, ce genre de moment recrée du commun, même s'il peut être tendu et incertain dans ses effets : réfléchir ensemble consolide le lien. C'est sans doute ce que Jean-Pierre Vernant entendait par « une esthétique et une éthique de la relation sociale ».

Un train en cache un autre

Certains s'inquiètent des effets de la théorie du genre sur les élèves. D'autres craignent les effets ravageurs du féminisme radical. Quelques manuels ont remplacé « les hommes de la préhistoire » par « les femmes et les hommes de la préhistoire ». Est-ce vraiment la fin du monde ? Aucunement. On entend aussi s'exprimer de profondes inquiétudes quant au potentiel militantisme LGBTQI+. De fait, il doit bien y avoir quelques discours délirants ici ou là, ou des cours et des formations complètement en dehors des clous : à ce titre, je comprends que cela suscite des craintes.

Mais enfin, le problème majeur au collège réside avant tout dans un sexisme (chez les élèves, les adultes et dans l'Institution), une homophobie, un racisme et un antisémitisme dont on a du mal à venir à bout. Dans les cours d'EMC (enseignement moral et civique), notamment ceux consacrés aux discriminations, les élèves restent sur leur quant-à-soi :

les préjugés ou le rejet deviennent un objet scolaire, ils sont donc appréhendés comme tels. C'est hors contexte que tout se dit et se révèle. Et c'est là qu'il faut saisir la chance d'avoir une discussion.

Avec des sixième, par exemple, je projette un tableau représentant Zeus et Ganymède. J'entends alors des hurlements de dégoût. J'adopte toujours la même démarche : j'annonce qu'« on arrête tout ».

Ne pas laisser passer, même si c'est pesant, me semble la seule réponse pertinente. Les débats sur le déboulonnage des statues, sur la *cancel culture*, sur toutes les questions de genre sont, comme je l'ai dit et redit plus haut, omniprésents sur TikTok ou Instagram. Comment accepter que l'École, sous prétexte que les programmes sont trop lourds, ne s'en saisisse pas ? Nous devrions au contraire nous mobiliser tous pour expliciter ces thèmes avec le plus d'honnêteté intellectuelle possible. C'est la seule solution pour que les élèves ne soient ni exclus ni captifs de la réflexion. Encore une fois, j'insiste, ce n'est pas simple. On est très seul quand on le fait, avec la crainte légitime que cela nous retombe dessus, que ça nous dépasse.

Inévitablement, mon cours finit par devenir un omnibus : on s'arrête souvent. Quand l'un imite l'accent chinois et ne comprend pas en quoi c'est raciste, quand l'une estime que s'il y avait eu des filles sur l'île dans *Sa Majesté des mouches*, tout se serait bien passé, quand un autre considère que le racisme est propre aux Blancs, on cesse toute activité. À force, les élèves se lassent de marquer des pauses et limitent leurs remarques intempestives. On pourrait croire qu'ils s'autocensurent : j'espère surtout qu'ils sont capables de refaire tout seuls le chemin qui permet de comprendre, par exemple, que le racisme envers les Asiatiques n'est pas moins grave qu'un autre.

Responsabilité

Il n'est pas non plus inutile de demander aux élèves ce qu'ils feraient s'ils exerçaient des responsabilités, s'ils devaient affronter les questions soulevées par le courant woke. Décideraient-ils de jeter au feu la moitié de la littérature mondiale ? De déboulonner chaque statue ? De faire des enquêtes approfondies sur chaque personnage historique, chaque savant ou artiste ? Seraient-ils eux-mêmes parfaitement exemplaires ?

Réfléchir concrètement à l'application de toutes les injonctions woke est stimulant et bénéfique. Cela ouvre une discussion sur le jugement, la pureté morale, l'ambivalence et l'ambiguïté humaines.

À plusieurs reprises, nous avons entamé des débats autour de ces sujets. Spontanément, après avoir poussé jusqu'au bout chaque hypothèse, la plupart des élèves a fini par dire que le seul moyen de s'en sortir réside dans la culture, la connaissance et la pédagogie : une statue avec un écriteau qui dit tout de la personne représentée semble finalement suffisant. Je suis consciente qu'ils sont peut-être influencés par ma manière de voir les choses et de mener l'échange, mais il ne me semble pas vain d'encourager les adolescents à emprunter une voie ferme et raisonnable : ils auront tout loisir d'être plus radicaux dans l'appréhension de ces questions s'ils le souhaitent.

Ainsi est-ce un vrai apprentissage, pour eux, de cesser de tout considérer depuis le bord de la route, sans se sentir impliqués ni responsables de rien. Ils apprennent ce faisant à ne pas condamner mécaniquement et à explorer leur for intérieur pour découvrir ce qui pourrait s'y trouver de potentiellement contradictoire, ambivalent, divers ou parfois nocif.

La question de la responsabilité de chacun est, à mes yeux, une façon de sortir par le haut d'un débat de plus en plus polémique et d'en distinguer les différentes dimensions : il y a le plus grave et l'anecdotique ; il s'agit d'apprendre à s'y repérer.

12

L'inclusion

La difficulté à trouver un juste équilibre dans l'attention portée à chaque élève concerne aussi la marche vers une École la plus inclusive possible. Ce mouvement est devenu assez conflictuel et trop souvent vidé de son contenu, qui pose la douloureuse question de l'éducabilité.

Éducabilité

Cette notion fut pendant longtemps l'objet de controverses infinies, cristallisées notamment autour de la question du collège unique.

La conversation type était la suivante. L'un citait l'exemple du fils d'une connaissance (jamais son propre enfant, comme par hasard) qui, faute d'avoir pu redoubler son CM1 pour la seizième fois, s'était totalement épanoui à porter des choses lourdes dès 5 heures du matin dans un entrepôt. L'autre se montrait sceptique et évoquait prudemment l'idée vaguement humaniste que, jusqu'à un certain âge, un enseignement unique – mais pas uniforme – était essentiel.

Le fond de cette discussion était intellectuellement important, mais surtout, au sein des classes, humainement déchirant : était-il vrai que tout enfant pouvait y arriver à condition d'être entouré, soutenu, aidé ? Ou existait-il des enfants réellement incapables d'apprendre, inaptes pour le système éducatif ? Ce débat était fondamental, puisqu'il obligeait à se situer à mi-chemin entre un pragmatisme sévère, brutal, sans pitié, et un idéalisme enthousiaste, généreux, fécond, mais peu soucieux des réalités quotidiennes. Il influait en tout cas sur les pratiques des professeurs. Sans pour autant atteindre le système : le collège unique n'a jamais été vraiment autre chose que le petit lycée d'autrefois.

Les efforts nécessaires pour accueillir l'ensemble d'une classe d'âge n'ont été ni fournis ni sérieusement envisagés, sinon sous forme de modifications marginales, voire cosmétiques. On connaît les inégalités qui persistent et les performances de la France dans les enquêtes internationales. Ce débat est désormais presque caduc. Dépassé par le vaste mouvement d'inclusion qui s'est mis en marche.

En commun

Nul être humain un tant soit peu moral et aimable ne peut s'élever contre l'idée d'une École inclusive : c'est en effet une belle chose que tous les enfants soient réunis et qu'il n'y ait plus d'un côté la « normalité », avec toutes ses nuances, et, de l'autre, le handicap dans des lieux de relégation. L'École est aussi un espace du « commun ».

Le problème est que, faute de volonté, de moyens réels et d'une réflexion autre que pieuse (sans négliger une part de cynisme : il se pourrait que des places en instituts ou hôpitaux de jour aient été supprimées), le but recherché a été passablement raté.

Pour faire cours dans ces conditions, il faut s'adonner à un enseignement ultra individualisé dans des classes au sein desquelles il n'est même plus question d'hétérogénéité, notion qui suppose des aptitudes scolaires disparates mais quand même comparables. On a désormais affaire à des cas et situations complètement différents, des handicaps variés, plus ou moins sévères, des modes d'inclusion variables et parfois arbitraires : classes ULIS (unités localisées d'inclusion scolaire), présence ou non d'AESH (accompagnants des élèves en situation de handicap), protocoles en tout genre. On a d'ailleurs du mal à comprendre au nom de quels critères ces élèves ont été orientés. L'absence de cohérence comme de bonne volonté est flagrante : les AESH sont sous-payés, déconsidérés, déplacés ici ou là au gré de principes organisationnels qui ne tiennent pas compte des liens établis avec l'enfant, de la continuité souhaitable dans le suivi. Tout donne une impression de faux-semblant, ce qui est particulièrement insupportable.

À terme, le cours dans ce qu'il a de global (on ne parle même plus de magistral) est à la peine. Le dessein humainement louable de n'exclure aucun enfant du cadre commun se transforme en son contraire : l'enseignant devient un prestataire qui fournit des aides individualisées, mais échoue à parler d'une seule voix à toute la classe. Et s'il parle à toute la classe, il a le sentiment désagréable d'abandonner des enfants dont la vie est déjà difficile, donc d'être un salaud.

Encore une fois, il se colibrise, s'agite pour créer du commun et peine à être autre chose qu'un agent d'enseignement qui dispense à chacun selon ses besoins, sans cohésion véritable. L'évaluation par compétences contribue à aggraver ce phénomène : les résultats sont pixellisés, illisibles, sans hiérarchie. L'idée même de niveau devient galvaudée : l'individualisme techno et bureaucratique le plus avancé prend le pas sur le collectif au départ recherché. Si l'on renonce à transmettre un cadre culturel qui puisse constituer un repère commun accessible à tous, l'enseignement obligatoire et sa promesse démocratique perdent le meilleur de leur sens.

Je ne poursuis pas plus avant. On retrouve ici les mêmes phénomènes que dans les débats précédents : dilution gestionnaire, intentions louables non réellement pensées et, à terme, perte de sens, au risque de laisser de côté l'idée initiale.

13

Exemplarités

Alors que l'enseignement se doit d'être chaque jour, comme nous venons de le voir, plus individualisé, on demande, *a contrario*, aux professeurs d'être le plus protocolaires possible.

Souplesse

L'exemplarité est en général comprise comme une forme d'ascétisme et de posture morale – on imagine toujours un enseignant tout entier attaché à sa fonction, son rôle ayant endigué sa personnalité et raboté ses aspérités. Elle est conçue aussi par certains ministres comme une manière de faire corps avec l'Institution, ce qui suppose de s'abstenir de la critiquer, de la dénigrer, et de ne pas faire preuve de « mauvais esprit ». Jean-Michel Blanquer, par exemple, avait tendance à estimer qu'aucune critique publique de la part d'un enseignant ne pouvait être constructive, qu'elle dénotait forcément un manque de loyauté et faisait le jeu de la division.

L'exemplarité, dans cette perspective, c'est d'avoir des escadrons de professeurs et de ne voir qu'une seule tête. Le problème de ce type d'injonction, c'est qu'il se retourne assez vite contre son auteur. Je n'en ai rien à faire que le ministre s'exprime depuis Ibiza à la veille d'une rentrée en pleine pandémie. Vraiment rien. C'est juste symboliquement lamentable. En revanche, quand cela vient de quelqu'un qui m'a donné des leçons d'exemplarité auparavant, je ricane. Et je me repose aussi sur d'autres conceptions de cette notion fondamentale.

Elle n'est en rien une forme de rigidité : comme l'expliquait Charles Péguy, la rigidité d'une étoffe, par exemple, permet à un peu tout de se cacher dans ses replis. Au contraire, la souplesse d'un tissu ne crée ni recoins ni cachettes. Plutôt que de coffrer l'enseignant dans une posture hiératique et inauthentique, il faut le laisser respirer, lui permettre d'être personnel. Tout en restant professionnel, évidemment. C'est d'ailleurs ce que nous avons tous tendance à faire, partout : l'une des caractéristiques de la culture moderne et contemporaine est, justement, cette tentative pour entretenir les liens et les dynamiques du général et du particulier, de l'objectif et du subjectif, du public et du privé, du nécessaire et du contingent. Une exemplarité à l'ancienne serait anachronique, figée et inopérante : c'est pourtant celle dont on semble faire la promotion.

Peut-être pourrait-on même aller encore plus loin à propos de cette notion. Il est possible de l'appréhender comme une façon de se donner en exemple. Comme si nous étions les patients zéro de notre propre enseignement. Je ne transmets pas seulement des éléments de programme, mais aussi la manière dont je vis avec au quotidien, dont je les mobilise.

Cadre mental

Je voudrais revenir ici, sous un autre angle, sur les cours en apparence buissonniers que je fais de temps à autre. J'aime beaucoup, dans cette perspective, sortir une heure avec une classe dans la cour ou dans la rue et lui montrer la beauté de l'ordinaire, du détail. Les élèves prennent des photos, finissent par trouver sublime une fiente de pigeon sur un pare-brise, une mare d'urine autour d'un poteau ou un pan de mur défraîchi. Je fais ensuite imprimer sous forme de poster les photos qu'ils ont prises, de manière frénétique le plus souvent, et affiche leurs clichés sur le mur de ma salle. On discute alors de ce qu'est le « beau » pour eux, de ce qu'est l'ordinaire, de ce qu'est regarder. Avec un peu de mauvaise foi, j'arriverais à relier cette expédition aux programmes de collège. Mais ce serait laborieux : en réalité, je leur transmets une manière de voir que je chéris et qui enchante mes journées.

L'important, pour moi, c'est de leur montrer ce que j'aime et à quel point l'observation active est précieuse dans l'existence. Je les encourage à lire, à écouter, à regarder de cette façon.

N'allons pas croire que je me lance ici de manière arbitraire dans l'*arte povera* ni dans le quiétisme *new age*. Ma classe n'est pas un salon. Le cadre scolaire est là. Toujours. Simplement, transmettre des informations ne suffit plus, donner à voir non plus : il faut aussi fournir aux élèves les moyens de se les approprier. Montrer comment ça marche, comment se tissent des liens personnels entre le monde et soi, et pourquoi la variété de ces liens est une richesse.

Évidemment – je le répète pour qu'il ne subsiste aucun malentendu –, je ne passe pas ma vie à avoir des initiatives de la sorte, mais je trouve nécessaire de donner aux élèves un accès à mon cadre mental afin qu'ils construisent ou identifient le leur. Aujourd'hui, la dimension personnelle du professeur n'est plus à bannir. Elle mérite même d'être exposée. Sans exhibitionnisme ni de manière répétitive.

C'est aussi une forme de transparence et d'honnêteté : l'enseignant n'est pas le porte-voix sans âme des programmes. Se faire passer pour tel serait non seulement ridicule, mais mensonger. Pourquoi le professeur serait-il le seul à rester impersonnel quand plus grand monde ne l'est ? Du président de la République au député, du chef d'entreprise au chauffeur de bus, chacun imprègne sa fonction de sa personnalité et de ses goûts. C'est souvent une stratégie de communication, évidemment : il n'est pas interdit d'être un bon communicant avec les élèves non plus.

Raconter sa vie ?

À ce titre, j'ai fini par aller encore plus loin. Au fil des années, je m'incarne et j'achève ma fusion entre la femme et la professeure : je suis prof partout (bus, maison, famille) et « moi-même » en tout endroit. Plus je vieillis, moins je crains de raconter ma vie aux élèves. Cela me donne l'occasion de montrer les conséquences concrètes de ce que je leur apprends, la place choisie que cela occupe dans mon quotidien. Je souhaite leur montrer que la culture et le savoir ne sont pas un trésor que l'on promène en bandoulière, ou en sautoir pour les plus prétentieux, mais une dimension essentielle de notre existence et de notre personnalité. Je veux leur prouver que la culture vous modifie, ouvre le regard et les horizons.

Voici un exemple qui me semble pertinent, bien qu'inconfortable tant il mêle des dimensions d'ordres différents : la confession personnelle, la démarche pédagogique et les exigences nouvelles de notre culture démocratique contemporaine.

Il y a un sujet qu'il est toujours difficile d'aborder avec les élèves : la victimisation. Je ne peux ni l'encourager (en raison de ses dérives), ni la dénoncer (qui suis-je pour dénier à quelqu'un le droit d'évoquer, de bonne ou mauvaise foi, une souffrance ou le sentiment d'une injustice en lien avec ses origines ?). Le risque plane toujours d'être insensible ou brutale.

À cette difficulté s'ajoute le fait que, pour mes élèves, je représente, du moins physiquement, la Française type. Ils imaginent donc vivre ou revendiquer quelque chose qui me serait étranger et que je ne pourrais évoquer qu'abstraitement. Si, pour ma part, j'estime qu'il est tout à fait possible de parler de quelque chose que l'on n'a pas vécu, ce n'est pas la mode actuelle, qui considère qu'il y a les « concernés » et ceux qui ne le sont pas. De plus en plus, des élèves me disent ne pas avoir aimé que je parle de racisme alors que, selon eux, je n'y connais rien.

Je me retrouve alors dans une position inconfortable : je peux ignorer ce type de remarque et défendre l'idée que je suis, en tout état de cause, légitime pour aborder de telles questions. Ou bien je peux leur raconter ma vie et l'histoire de ma famille, ce qui est une manière de céder à l'injonction selon laquelle il faut être concerné pour pouvoir prendre la parole, avec des conséquences sur mes cours en général, puisque les élèves verront mes origines comme un prisme.

Évidemment, je cède. Et voici comment j'aborde la question de la victimisation : je leur explique que, lorsque j'avais leur âge, je m'imaginais indubitablement du côté des bons, des gentils, de ceux à qui l'on devait demander pardon. Non en raison de mes qualités morales, mais parce que l'assassinat de mon arrière-grand-mère, de ma grand-tante (dont je porte le prénom) et de son bébé par les Einsatzgruppen en Ukraine en 1941 me plaçait automatiquement parmi les victimes.

Je leur explique que la Shoah est pour moi, comme pour tous les descendants de familles juives exterminées, un traumatisme et une forme de souffrance. Comme d'autres événements peuvent l'être pour d'autres familles terriblement éprouvées par l'Histoire. Je donne alors des exemples : esclavage, génocides, colonisation, etc.

Mais il se pourrait aussi, ce qui n'enlève rien à la souffrance ni à l'angoisse éprouvées, que j'aie pris dans mon enfance, en certaines occasions, quelque plaisir à me considérer comme victime d'antisémitisme et à me placer du côté des justes, des bons. Tout en voyant, adolescente, chez les autres, du collabo, de l'attentiste. Je me sentais en quelque sorte justifiée, n'ayant pas les outils conceptuels pour me voir faire ni pour comprendre la part insupportable d'instrumentalisation que cette manière de procéder révélait. Néanmoins, j'étais gênée et je sentais qu'il y avait quelque chose de peu moral dans mon attitude.

En lisant, lycéenne, *Le Juif imaginaire* d'Alain Finkielkraut, j'ai été sous le choc : de toute évidence, je me jouais un film obscène ; j'étais dans une forme de romantisme victimaire qui ne rendait justice ni à ma famille exterminée, ni à la tragique réalité de l'antisémitisme en France, ni à ma souffrance, que j'éprouvais réellement, mais qui n'était pas celle-là.

Ce récit me permet finalement de montrer en détail, presque cliniquement et assez intimement, comment s'enfermer dans une logique victimaire peut être à la fois sincère et totalement malhonnête. Je me sers de ma propre vie pour leur expliquer que les souffrances, les persécutions, les crimes de l'Histoire, le racisme et l'antisémitisme sont des sujets trop graves pour qu'on en joue impunément.

Est-ce plus efficace que si j'avais évoqué la question de manière abstraite ? Je l'espère. Bien évidemment, je ne peux pas considérer ma démarche comme un modèle à suivre pas à pas : tout le monde n'hérite pas de tels drames familiaux, et heureusement. J'essaie simplement de montrer ici qu'il est possible, pour tel ou tel sujet, de raconter la manière dont je l'ai vécu, étudié, ressenti et analysé, sans pour autant déroger ni mal faire. Pour prendre un exemple moins grave, j'aime leur raconter mes souvenirs de collégienne, leur décrire les cours, mes professeurs : ils peuvent ainsi confronter mes souvenirs vintage à leur propre expérience et saisir en quoi leur perception de leur scolarité a une forme de légitimité.

Ainsi donc, en qui concerne la victimisation, je faisais ce pas, peu évident, et je m'en tenais à cela. C'était déjà considérable d'accepter d'évoquer des choses aussi difficiles et sincères en cours.

Depuis, j'ai franchi une autre étape qui vient compléter la première et consolider mon récit (je commence à raconter ma vie ici, comme en classe !).

Je passe maintenant à ma famille paternelle et j'explique à la classe que, depuis mon enfance, il y a un arrière-arrière-grand-oncle dont on a toujours parlé évasivement. Il y avait comme un vague air de secret. Cet homme, en effet, avait été nommé recteur de l'académie de Paris par Pétain pendant la guerre. Alors que j'aurais dû être accablée, avoir honte de ce que je n'avais pourtant pas commis, j'ai été étrangement satisfaite et j'ai ressenti un immense soulagement : je n'étais pas uniquement descendante de victimes, mais aussi d'une famille dans laquelle un universitaire avait occupé une fonction importante en pleine collaboration. Cela m'a comme délivrée du fardeau de mes velléités victimaires (en disant cela, je ne minimise pas l'antisémitisme actuel, qui est effarant et si répandu) : mes ascendances multiples, diverses, contradictoires, m'obligeaient à explorer le labyrinthe des héritages et à ne compter que sur moi-même pour tenter d'être quelqu'un de bien.

On comprend à quel point ce qui ressemble à un aveu n'est pas chose évidente à formuler devant des élèves. Peut-être même est-ce déplacé. Ils ne sont ni mes amis, ni mon psy, ni ma cellule d'écoute. Et j'hésite toujours à évoquer tout cela en classe. Peut-être, d'ailleurs, ai-je tort de le faire. Mais je n'ai pas trouvé mieux pour expliquer l'ampleur d'une souffrance infligée aux familles par l'Histoire et transmise ensuite aux descendants. Je veux leur montrer que cela nous oblige : non seulement à ne pas oublier, mais aussi à avoir une juste attitude vis-à-vis de ces questions. Cela suppose de bannir toute victimisation et toute instrumentalisation. En chacun de nous sommeille un lointain aïeul qui s'est mal conduit : si ce n'est pas le cas, il se pourrait bien que ce soit nous !

Étrangement, je n'avais pas prévu, au début de ma carrière, que l'exemplarité serait non seulement de tenter d'être une professeure modèle et, si possible, irréprochable, mais aussi d'oser être personnelle. De se donner en exemple : non pour assurer sa promotion, mais pour montrer que l'on sait de quoi on parle et, comme on le disait dans le temps, « d'où l'on parle ».

On parle depuis l'Institution, toujours. Mais avec sa propre voix. Ainsi le veut l'époque, et c'est tant mieux. Il serait aujourd'hui totalement artificiel de se présenter comme neutre et désincarné devant les élèves. Cette attitude de retrait vis-à-vis de soi-même était autrefois un gage de professionnalisme et de légitimité ; elle est désormais la preuve d'un désengagement et d'un manque d'implication réelle.

Revoir la formation

On me dira, ici, que ce que je raconte est tellement personnel que ce n'est ni transmissible ni transposable. Notamment dans le cadre de la formation des professeurs. Que c'est tout simplement une liberté que je prends, et qu'elle n'est peut-être pas souhaitable ni, surtout, généralisable. Évidemment. Il me semble cependant que la formation des enseignants devrait encourager à être personnel et institutionnel à la fois, à faire des pas de côté, à parler de ce que l'on aime, sait et a vécu.

On devrait libérer les enseignants de cette manie du secret, qui va jusqu'à cacher son prénom, pour les pousser à s'incarner. Certes, cela fait courir un risque de dérive : il faut toujours se rappeler ce qui nous autorise à être dans une salle de classe.

Tout en restant vigilant, il faut cesser de se surveiller constamment. Je me souviens d'une jeune collègue qui m'avait dit avoir dépassé les bornes en cours : elle avait fait une blague et regrettait ce manque de sérieux. De même, je me reprochais constamment, au début de ma carrière, mes envies de rigoler, de faire des plaisanteries, de vanner. L'humour, dont je sais désormais à quel point il est un allié puissant, une forme d'autorité sans égale en cours, me paraissait alors proscrit, voire déshonorant. J'avais à ma disposition une ressource qui pouvait considérablement m'aider, et j'éprouvais à son endroit le plus grand mépris.

Lors des années de formation, il ne serait pas inutile que chaque jeune enseignant trouve quelle est sa force, sur quoi peut s'appuyer son autorité, ce pour quoi il est doué. Mais c'est le contraire qui se produit : on apprend des recettes, des méthodes, des protocoles, des démarches, parfois louables, mais totalement extérieurs et impersonnels. Pendant toute sa carrière, on n'est presque pas encouragé à faire ce qu'on sait le mieux faire : on nous demande tout et son contraire, et peu importe que l'on soit bon ou pas dans chaque tâche. Sans devenir des dieux grecs avec, pour chacun, ses attributs, sans nous transformer en héros dotés de *skills* particulières, nous pourrions peut-être faire fructifier ce pour quoi nous sommes doués. Non dans l'anarchie la plus complète, mais accompagnés par des formateurs et des pairs afin de vérifier que ce que nous mobilisons de personnel est vraiment au service des élèves.

Cette dimension personnelle, si étrange soit-elle, n'est cependant possible que si l'on prend garde à ne pas s'égarer. Cela demande une vigilance constante. Sinon, le cours devient un stand-up solipsiste, vain et pénible. Le professeur n'est pas non plus seul au centre de l'affaire. Mais qui l'est ?

C'est loin d'être une question accessoire ou anecdotique. Mais pour que la réponse qu'on souhaite lui donner ne soit pas arbitraire ni purement idéologique, il faut préalablement tenir compte de trois piliers essentiels de l'enseignement. Il est tout d'abord un art, et, comme tout art, dessine un lien singulier entre l'individuel et l'universel. Il suppose ensuite de la part de l'enseignant un rapport personnel, quel qu'il soit, à la culture. Sinon, il tourne à vide, devient technique et mécanique. Enfin, notre culture implique aujourd'hui un va-et-vient permanent entre le particulier et le général afin de construire les maillons intermédiaires qui permettent aux élèves d'y accéder et de l'accueillir non comme un corps étranger, mais comme un apport pertinent à leur existence.

Il y aurait évidemment plus à dire sur la formation des maîtres. Mais ce que je viens d'évoquer me semble être, par-delà les débats les plus éculés ou arpentés, au cœur des problèmes qui la touchent. Dont un, fondamental : on vous donne des clefs pour enseigner trois ou quatre ans, avec les modes et démarches du moment. Mais on ne vous apprend pas à être professeur pendant dix ans, vingt ans, trente ans, à durer et… à ne pas devenir fou ni mourir d'ennui. Le caractère répétitif de l'enseignement ne peut être supporté que si l'on comprend comment s'y investir intellectuellement et personnellement.

14

Le centre du système

Circonférence partout, centre nulle part

La question de ce qu'il faut placer au centre du système éducatif a fait couler beaucoup d'encre et donné lieu à d'âpres débats.

Moi-même, bien jeune, je considérais que placer l'élève au centre était la promesse de dérives terrifiantes : enfant roi, gâté pourri, transformation de l'École en nursery, etc.

Je ne pense plus ainsi. Je me demande même comment j'ai pu le faire, en être aussi convaincue. Aujourd'hui, le contraire me semble évident.

Si je devais analyser ce refus, j'y verrais le signe d'une certaine peur des élèves et d'un manque d'assurance. Dans le fond, je tentais un peu maladroitement de mettre le savoir ou la transmission au centre du système. Cela faisait plus joli. C'était une idée d'architecte d'intérieur dans une émission de déco : mettre au cœur du salon un vieux livre un peu vintage, cela fait toujours plus élégant que d'y placer un ado révolté. Maintenant que je connais par cœur ce fameux système, tout cela me fait doucement rigoler : j'avais des théories dignes d'un platiste. La physique de l'Éducation nationale est tout autre : avec elle, on l'a vu, la circonférence est partout et le centre nulle part. C'est une grosse masse qui s'entretient elle-même et se nourrit de ceux qui la nourrissent. Il y a de quoi regretter cette situation : ce centre vide prive les élèves d'une place essentielle pour eux. Non que tout doive être défini en fonction d'eux, évidemment. Le contenu culturel que l'on cherche à transmettre fait partie de l'équation première, et l'École a des fins qui les dépassent. Simplement, il est absurde de ne pas considérer les enfants comme les destinataires de l'enseignement et de ne leur conférer qu'une place marginale.

Tout est malheureusement dilué dans ce système : l'enseignement, la culture, les élèves, les enseignants, les responsabilités. Ce qui structure l'ensemble est la peur, le respect de la voie hiérarchique et quantité de méandres administratifs obscurs. La plupart du temps, nous ne savons même pas ce que nous venons faire : former des citoyens, transmettre la culture, préparer les jeunes au monde de demain ou d'hier, donner à la jeunesse un bagage pour une vie réussie ? On navigue à vue. Discuter du centre du système permet de continuer à croire qu'il y a vraiment un centre dans ce fatras satellisé et bureaucratique.

Par ailleurs, il est indéniable que nous sommes là pour les élèves. Nous sommes assez exténués à la fin d'une journée de cours pour le savoir. Ce n'est ni Azincourt, ni les espaces productifs industriels, ni les institutions de la Quatrième République qui nous plongent dans cet état d'épuisement.

Nous sommes là pour les élèves au nom de la transmission, donc un peu en leur nom. Cela ne signifie pas que nous sommes des larbins ni des baby-sitters, mais que nous les aidons du mieux que nous le pouvons à grandir, à se cultiver, à se construire, à s'épanouir. Voilà un autre mot que je bannissais plus jeune. Combien d'années pour se délester des préjugés éducatifs : être rude, sec, etc. ? Un médecin ne semble pas perturbé d'être au service de ses malades, je ne vois pas pourquoi il en irait autrement des enseignants. C'est même notre dignité.

Des jeunes qui ne vont pas très bien

Changer de paradigme demande en outre de se débarrasser de quantité de discours sur les adolescents : certes, ils peuvent être terriblement pénibles, ils peuvent bavarder sans cesse, ils sont souvent d'une décontraction absolue. Mais ils vont aussi, pour beaucoup, tellement mal. Notamment depuis les différents confinements. On lit tant d'articles sur les souffrances psychiques des jeunes, et l'on devrait faire comme avant : surveiller, punir, faire plier, traquer, rabrouer au nom d'exigences en toc ?

J'ai revu récemment le film *Babe* (mes références cinématographiques laissent à désirer) : c'est l'histoire d'un cochon qui, plus ou moins élevé par des chiens (ses parents sont devenus du jambon), se prend pour un gardien de troupeau. Il subit de nombreuses moqueries, il manque d'autorité, les moutons sont hilares. Mais il leur parle gentiment, sincèrement, et les bêtes acceptent finalement de faire tout ce qu'il dit. Je me suis complètement identifiée à lui, ce qui est très exagéré : je suis moins rose, moins porcine, et j'ai une autorité suffisante. Mais plus je vieillis, plus je suis gentille avec les élèves. Cela me pose parfois des problèmes, car j'ai chaque jour davantage de mal à donner des notes catastrophiques ; je crains de perdre en exigence et en rigueur. Je ne suis pas encore tout à fait à la retraite, c'est une difficulté que je dois surmonter.

Ces inflexions ne sont cependant pas à mettre uniquement sur le compte de l'âge. J'ai tardé à m'ouvrir à d'autres dimensions de l'enseignement, à me libérer des manières de faire habituelles, des discours convenus et des généralités. J'ai compris, enfin, comment relier des éléments qui me semblaient incompatibles et des niveaux de l'existence que j'aurais trouvé choquant de faire cohabiter, du plus sublime au plus prosaïque. Ce que je prends pour une forme de gentillesse émoussée est peut-être surtout une forme de fluidité et de souplesse. Je ne crains pas la culture des élèves : tout va bien, Homère tient la route et peut même faire un bout de chemin avec Homer Simpson. Je n'ai pas peur de leur vitalité, de leur vision du monde. Je ne suis pas là pour les rééduquer, mais pour les enrichir.

Se débarrasser des réflexes et habitudes de l'Éducation nationale est incroyablement difficile : peu de professeurs, par exemple, ramasseront un stylo qu'un élève fait tomber par terre. C'est une sorte de nerf de la guerre : se baisser pour rendre un objet qui appartient à un enfant, en cours, c'est prendre le risque de s'abaisser soi-même. Quelle idée…

En revanche, il y a des choses auxquelles je tiens. Sans doute ne sembleront-elles pas plus légitimes. Elles servent à délimiter un cadre, si artificiel soit-il : ne pas entrer dans ma salle les mains dans les poches, me regarder et me dire bonjour, ne pas me répondre « ok » ni « pas de souci ». Ce cadre est une forme d'avertissement : nous sommes à l'école, dans mon cours ; il y a des règles de civilité et de tenue à respecter. C'est aussi une idée que je me fais de l'esthétique scolaire. Enfin, c'est légèrement une ruse : un élève qui a le sentiment de transgresser en arrivant mains dans les poches y pensera à deux fois avant d'aller plus loin. En somme, c'est une forme de déminage préalable.

Je fais donc le tri dans les habitudes et les injonctions ; je ne jette pas tout, loin de là : les rituels scolaires sont fondamentaux. Mais je ne m'encombre plus de mille principes qui révèlent moins un sens de l'ordre que l'angoisse panique d'être dépassée par les élèves.

Éduquer/instruire

C'est l'un des débats stars dans le domaine de l'éducation. Son succès repose sur le fait que nous aimons faire des distinctions dans notre métier, tracer des limites qui nous rassurent et nous confortent dans l'idée que nous sommes responsables d'un domaine restreint, spécialisés. Certains se plaisent donc à répéter qu'ils instruisent mais n'éduquent pas. Si je comprends bien la différence, je vois mal comment l'un peut aller sans l'autre. On reprendrait un élève qui commet une faute de français, mais on le laisserait mettre les doigts dans son nez ?

Cette manie de ne pas appréhender l'élève comme un individu, globalement, mais de le couper en tranches se retrouve aussi bien chez certains « pédagogues » attachés à l'évaluation par compétences que chez nombre de « républicains » qui célèbrent l'instruction et rejettent tout ce qui relève de l'éducatif.

Ce débat tourne à vide, nous occupe et crée des distinctions faussement structurantes qui ne sont en réalité que la preuve d'un manque de simplicité et de spontanéité.

15

Le savoir et la vie

Faut-il amuser les élèves ?

Cette question est délibérément provocatrice. Nous sommes là pour travailler. Pour produire des efforts et apprendre. Le tout-ludique est exaspérant : non parce qu'il est déplacé, mais parce qu'il est répétitif. C'est la monotonie qui provoque l'ennui, pas l'exigence. Le « jamais ludique » est consternant aussi : si l'on aime la culture, on se débrouille pour la rendre attrayante.

Comme bien d'autres, j'ai autrefois défendu l'ennui. J'y voyais une garantie d'austérité et de qualité. J'ai eu tort. D'autant plus que je l'ai toujours eu en horreur et que je ne pense pas l'avoir considérablement infligé : ma position de principe manquait d'authenticité. Roland Barthes évoquait, dans les réunions, les colloques, les fêtes, « un ennui panique, allant jusqu'à la détresse ». Il se demandait aussi : « L'ennui serait-il donc mon hystérie ? » En tout cas, c'est la mienne.

Il y a encore pire que de s'ennuyer : ennuyer les autres. Voir les élèves regarder désespérément l'horloge, s'affaler progressivement sur leur table, me fait terriblement honte. Et cela donne une piteuse image de ce que je transmets. J'en ai contracté un tic vaguement ridicule : je demande toutes les dix minutes aux élèves si je ne les ennuie pas. Ils sont polis et ne me disent jamais si c'est en effet le cas.

L'ennui n'est pas une fatalité. Il faut refuser de s'y soumettre. Il ne faut pas l'accepter comme un inconvénient inévitable. Et, pour ce faire, il faut imaginer, créer, inventer, ne jamais s'appuyer sur des méthodes éprouvées, donc éprouvantes et répétitives. Un jour ce seront des textes à écrire, un autre un grand récit à écouter, le lendemain un jeu, un vendredi une discussion. En s'adaptant chaque fois à ceux que l'on a en face de soi. Non par mièvrerie ni démagogie, mais pour trouver le moyen le plus efficace de faire cours.

Quand une leçon est presque irrémédiablement soporifique, comme celle sur l'Union européenne en géographie, il faut accepter de transformer l'ennui en sketch et l'assumer. Quand on travaille sur la désertification médicale et que l'on évoque l'aménagement du territoire, il n'est pas évident que tous les élèves adhéreront immédiatement à la promesse républicaine portée par la création d'une « maison de santé ». Même lorsqu'on tente d'illustrer la question avec des images terrifiantes de bras amputé par une tronçonneuse, ce qui suppose des heures à conduire d'une seule main sur des petites routes pour rejoindre un hôpital désaffecté, on n'est pas certain d'atteindre son but. Avouons, donc, et promettons directement « de l'ennui, de la langueur et de la longueur ». L'esprit de contradiction des adolescents fera le reste : ils seront passionnés. J'ai eu ainsi contre toute attente un succès d'estime avec une leçon sur le Louvre-Lens. L'évocation de l'« effet Bilbao » (ville qui s'est épanouie grâce à la fondation Guggenheim) a envoûté la classe. Qui s'est montrée fort déçue d'apprendre que Lens n'en avait pas profité. Par la suite, ils voyaient cet effet partout : chez eux, dans la rue, au collège.

Parfois, en réalité, il faut juste faire simple, tout en étant extrêmement attentif non seulement à ce que l'on souhaite enseigner, mais aussi à ceux qui sont en face de soi. Les « bonnes pratiques », les protocoles, les démarches sont trop souvent source d'ennui. Pourquoi y mettre deux heures, élaborer vingt-huit dispositifs différents, répartir le travail sur cinq groupes, quand on peut tout simplement dire : alors voilà, la féodalité, c'est ça.

Je pense souvent à Acis dans *Les Caractères*, de La Bruyère : il emploie mille périphrases pédantes et contournées pour dire qu'il fait beau. Il le fait non seulement parce qu'il est précieux, mais aussi parce qu'il croit montrer ainsi qu'il a de l'esprit. La Bruyère explique que, dans la mesure où il n'en a pas, en faisant simple et direct il pourrait au moins laisser croire qu'il n'en est pas totalement dépourvu. On ne saurait mieux dire : cette manière de mettre de la didactique dans chaque minute du cours opère une forme de déplacement ; ce n'est plus le contenu, le fond donc, qui est savant, mais la forme. C'est d'autant plus dommage que cela fait progresser le cours à un rythme de sénateur. Plus on multiplie les étapes, plus les élèves perdent de vue l'ensemble et s'attachent à des dimensions anecdotiques de la leçon. En outre, cela n'apporte aucune garantie d'efficacité accrue : les élèves oublient malgré tout. Toujours, tout le temps. Ce dont ils se souviennent, c'est ce qui les a marqués affectivement, d'une manière ou d'une autre. Je suis à la fois consternée et charmée que, des années plus tard, d'anciens élèves viennent me parler de l'iconoclasme byzantin quand ils ont tout oublié de mon cours de cinquième. Mais aussi attristée de les retrouver en troisième ayant oublié les trois quarts de ce que j'ai pu leur apprendre les années précédentes (en réactivant le souvenir, il y a parfois de bonnes surprises).

L'ennui n'est donc pas l'assurance que l'on s'instruit. Au contraire, même. Tout n'est évidemment pas passionnant, et nous vivons collectivement (j'insiste bien sur ce terme), en cours, des tunnels pathétiques. C'est une longue quête pédagogique que de rendre non seulement accessible, mais aussi captivant ce que l'on enseigne. Parfois, il faut des années pour trouver le bon biais. Les élèves vivent souvent au diapason de notre enthousiasme : certaines fois, mon cours sur la guerre de Cent Ans fait un flop ; d'autres, je me retrouve avec des élèves avides d'apprendre (certains potassent chez eux et deviennent des spécialistes). Cela ne tient pas à grand-chose : un mot, une anecdote, une explication savante, une description. Il n'est pas toujours facile de trouver le déclic et d'assurer une mise en scène du savoir qui soit opérante.

En tout cas, il faut renoncer à penser que l'austérité est source de justesse et que ce qui est sophistiqué déplaît aux élèves. Cette conception est une vieille et mauvaise tradition, déjà dénoncée par Rabelais. Vous annoncez à une classe que vous allez consacrer vingt minutes à la langue totalitaire étudiée par Klemperer ou aux problèmes dynastiques des Valois, et ils sont tous passionnés. Il faut juste cesser de croire que « mettre les formes » est une affreuse preuve de démagogie.

Parfois, je suis si fière d'eux que je leur propose d'expliquer à leur famille ce qu'ils viennent d'apprendre. L'étude des *Époux Arnolfini* de Van Eyck, par exemple. Je me dis que, en tant que parent, je serais extrêmement heureuse que mon enfant soit si cultivé. Mais il m'arrive de faire un four avec cette entreprise : certains parents trouvent mon analyse picturale délirante et me soupçonnent presque de complotisme à voir ainsi des symboles partout.

S'approprier les connaissances

À quoi sert ce que nous apprenons aux élèves ? Ils sont les premiers à se le demander et à nous poser la question. J'ai commencé par fournir des réponses élaborées (réciter un poème dans le malheur, connaître le passé pour affronter l'avenir, enrichir son existence de ses connaissances, assumer la gratuité du savoir) ; désormais, je me contente d'un « à rien », assorti d'un sourire en coin. Je n'y crois évidemment pas une seconde : cela sert à tout, à condition de savoir qu'en faire personnellement. Ma réponse n'est qu'une étape un peu provocatrice avant de leur faire découvrir par eux-mêmes les vertus du savoir.

J'ai moi-même mis du temps à comprendre ce que je pouvais faire des connaissances que j'avais accumulées, jeune, comme un écureuil des noisettes. Je savais apprendre, retenir, mais on ne m'avait pas encore expliqué comment éviter que la culture soit un bagage mort que l'on trimballe sans âme ni sincérité. Pour être plus juste, ce n'est pas l'École qui m'a aidée à m'approprier personnellement les œuvres, les leçons, les informations, à les faire vivre, à les mobiliser, à les relier au monde et à mon existence, sans fossé ni rupture.

J'ai eu de la chance. Mon père nous faisait vivre, à la maison, avec les personnages, les références, d'une manière à la fois érudite et triviale :

l'enchantement du monde était, en cela, une réalité quotidienne. Dans la mesure où cette relation à la culture était implicite, j'ai longtemps été incapable de l'identifier et d'en voir la pertinence pédagogique. Je considérais cela comme une bizarrerie familiale. Quand c'était un art de vivre.

Je suis passée à côté de quelque chose d'essentiel pendant trop d'années. Il faut tisser une séduisante et vivante continuité entre ce que nous apprenons aux élèves et eux, entre leurs références et les nôtres. Ce qui suppose de nous intéresser à eux, à leur vision du monde, à leurs goûts et représentations. Non pour nous y soumettre, mais pour trouver le juste point de rencontre entre TikTok et l'empereur Justinien. Dans le contexte actuel où les élèves croulent sous des informations diverses et non hiérarchisées, il faut leur tendre la main et accueillir la leur, non pas au-dessus du vide, mais dans notre époque. Sinon, il y a peu de chances qu'ils croient ne serait-ce qu'une seconde à la pertinence de ce que nous leur apprenons.

Ce sont parfois des moments de classe simples et sans prétention. Nous étudions une icône. Sur cette dernière, Jésus porte une sorte de salopette et un tee-shirt assez à la mode. Je leur dis qu'à l'époque cela s'appelait un chiton et un himation. Information dont personne n'a grand-chose à faire, mais ce détour par le dressing contemporain a réussi à intriguer les élèves. Et à attirer leur attention sur le reste de l'œuvre : des références bibliques, des visages hiératiques ; puis sur les querelles iconoclastes.

Les enfants, eux aussi, font un pas vers moi : combien sont venus me voir en me disant qu'ils avaient pensé à moi lors de l'incendie de Notre-Dame ! Comme si j'étais la dépositaire de l'édifice. Ils voient la cathédrale quantité de fois par an, c'est l'un des joyaux parisiens, mais, après un cours qui lui a été consacré, ils l'ont investie en la raccordant à une leçon (l'art gothique) et à une personne (le professeur). Ainsi, ce sont de constants allers-retours entre les élèves et les enseignants, entre leur culture et les programmes, entre les cours et la vie extérieure, qui confèrent une force réelle à notre transmission, qui lui donnent de l'épaisseur et l'empêchent d'être un déversement unilatéral stérile.

Remobiliser

J'ai dit plus haut que ce qui était transmis en cours prenait tout son intérêt une fois que les élèves se l'étaient personnellement approprié et étaient capables de s'en servir dans un contexte inattendu, voire trivial. Mais cela n'est possible que si l'on veille à entretenir les connaissances en les convoquant à toute occasion. C'est une forme de cohérence : si nous trouvons de l'intérêt à ce que nous enseignons, il faut bien que ce soit intéressant pour les élèves, donc qu'ils puissent s'en servir.

Avec une classe de cinquième, nous travaillons sur une photo du bois de Boulogne. Un élève dit : « Y a pas de lupa, là. » Je comprends immédiatement qu'il fait référence à la prostitution qui s'y pratique. Mais aussi à Tite-Live. Dans un texte consacré à Romulus et Rémus, l'auteur romain évoque la double signification du mot *lupa* : louve et prostituée. Nous l'avions lu l'année précédente, et mon élève s'en souvenait.

Passé un moment de stupeur, j'ai explosé de rire. J'étais ravie. J'ai ainsi expliqué aux élèves que l'un des privilèges de la culture et du latin, c'était qu'on pouvait dire, en cours, « y a pas de putes au Bois » sans être réprimandé (après tout, il pouvait aussi être question de l'absence de loups dans ce lieu). Mieux, cette remobilisation culturelle d'une érudite vulgarité, à la fois excellemment pertinente et déplacée, permettait d'être félicité. Et à la professeure d'être comblée.

Pour un élève qui, dans un musée, surprendra ses parents par sa connaissance d'un tableau, pour un autre qui verra, après un cours de géographie, un effet « donut » (le centre se vide de ses boutiques au profit des grandes surfaces) dans la moindre ville désolée de la France périphérique, pour une autre encore qui apprend des mots rares grâce à un youtubeur lettré, il y en aura aussi, et heureusement, qui jetteront Tite-Live sur le trottoir.

Souvenir d'une vieille leçon

En traversant la cour, j'entends qu'un élève se fait appeler « Bouboule ». J'interviens : ses camarades répondent que c'est un vieux surnom amical. Ce que confirme, avec le sourire, l'élève concerné. Ce dernier est un personnage populaire et apprécié, il ne se sent pas harcelé. Quelques jours plus tard, je vois la classe scander « Bouboule » avec ferveur : il semblerait que ce soit un encouragement. Je décide d'aborder le sujet en cours, avec un certain trac : ne vais-je pas aggraver le problème ? D'autant plus qu'on m'a bien dit et répété que ce n'en était pas un.

C'est une vraie discussion : la classe affirme encore et encore que ce surnom est affectueux. Un peu embarrassé par la tournure que prend l'affaire, leur camarade montre la lassitude que ma démarche lui inspire : selon lui, tout va bien, ses amis sont les premiers à l'appeler ainsi. J'explique, malgré tout, qu'être sans cesse renvoyé à une caractéristique physique, malheureusement stigmatisée dans la société, ne peut être qu'éprouvant à la longue.

Cette considération libère la parole. Des élèves, extrêmement émus, racontent avoir été appelés l'un « le Noir », l'autre « l'Arabe », à l'école primaire, et l'avoir, évidemment, vécu très douloureusement. Ils utilisent à cette occasion le terme « harcèlement ». La souffrance encore présente dans leur récit touche la classe.

Soudain, un autre élève se rappelle qu'on avait travaillé, en enseignement moral et civique, sur *Sa Majesté des mouches* lorsqu'ils étaient en sixième, il y a trois ans. Notre discussion lui a fait penser au personnage de Piggy, harcelé tout au long de l'histoire. Son meurtre, à la fin du livre, avait tiré des larmes à la classe. Le rappel du destin de Piggy donne soudain une coloration plus grave au surnom « Bouboule ».

De potache, l'ambiance est devenue plus sombre et soucieuse. Je termine l'heure en disant : « Voilà, maintenant vous savez ce que vous faites. »

Au cours suivant, ses amis me dirent qu'ils avaient cessé de lui appliquer ce sobriquet. J'ai été étonnée. De la petite portée de mes propos. Et admirative de l'effet produit par une œuvre étudiée des années plus tôt.

Cette anecdote montre en raccourci les principales phases d'appropriation du savoir par les élèves et la manière dont elles s'emboîtent avec un certain effet « Kiss Cool ». C'est parce que les élèves ont été réellement touchés, dans leur cœur et dans leur âme, par *Sa Majesté des mouches* qu'ils ont été ensuite capables d'en voir la portée morale, indépendamment de l'histoire. Cette référence a été encore renforcée par son évocation dans d'autres contextes historiques ou sociaux. Ce cadre de compréhension était alors installé en eux et a permis, sans que j'aie besoin d'y faire allusion, à la discussion autour de « Bouboule » de prendre ce tour et d'avoir cette efficacité.

Au pas de course

De plus en plus souvent, je donne des cours d'histoire-géographie en ligne à des élèves qui, pour des raisons de santé physique ou psychique, ne vont plus en cours. Ce ne sont pas des cours particuliers ; je travaille dans le cadre d'un dispositif mis en place par le rectorat.

Cela se passe ainsi : on a quelques heures et le programme à terminer. On ne sait pas de quoi souffre l'élève qui nous est confié, mais une forme de tact incite à ne pas le surcharger de travail.

J'ai beaucoup appris dans ce contexte : j'ai dû faire en deux heures ce que l'on fait parfois en deux mois. J'ai dû être vivante (le télé-enseignement ne pardonne pas l'ennui), précise, extrêmement concentrée et rapide, tout en vérifiant que l'élève suivait et retenait.

Si, au départ, j'étais certaine de mal accomplir mon travail, dans la mesure où il s'agissait d'arpenter le programme en très peu de temps, j'ai malgré tout pu mesurer que c'était plus satisfaisant que prévu. Et même surprenant : des dizaines d'heures en plus m'auraient-elles permis, dans ces conditions particulières bien sûr, de faire mieux ? Le rythme frénétique crée de l'émulation, pousse à davantage de clarté, de rigueur et de cadre. Et autorise aussi quelques digressions pertinentes, parfois savoureuses.

C'est d'ailleurs une question que je me pose depuis longtemps : et si, en définitive, on n'allait pas trop lentement ? Pourquoi les cours que l'on fait au pas de charge pour terminer le programme en fin d'année sont-ils malgré tout efficaces ?

Peut-être faudrait-il se délester de ce préjugé qui veut que la lenteur soit l'apanage de la profondeur. J'ai décidé de commencer l'année scolaire en racontant, de manière vivante, le programme dans son entier à mes classes. Et ensuite d'entrer dans le détail. On blâme la vitesse, l'immédiateté de notre époque, on demande à l'École de réinvestir le temps long, de lutter contre le « tout, tout de suite ». Et si, au contraire, on essayait de s'en servir ?

Créer la surprise

Ainsi la question du rythme, comme celle de la progression dramatique, est-elle essentielle. Provoquer la stupeur et l'étonnement est aussi efficace, à moins évidemment de s'y adonner tous les jours.

Un soir, j'ai, comme souvent, appelé des parents d'élèves. Pas n'importe lesquels : ceux dont les enfants ont des résultats ou un comportement inquiétants. J'ai téléphoné comme ça, hors contexte. Non pour dresser la liste de tout ce qui n'allait pas, mais pour souligner tout ce qui, au contraire, permettait d'espérer des progrès, était encourageant ou sympa chez leur enfant. J'ai raconté des anecdotes marrantes. Évidemment, cela a créé une forme de surprise : à peine m'étais-je présentée au téléphone que je sentais une chape de déprime s'abattre sur chaque parent (« Mais qu'est-ce qu'il/elle a encore fait… Oh non, pas le collège, pas ça… »). Je n'ai pas nié les problèmes ni les difficultés, j'ai juste insisté sur ce qui allait. Est-ce de la démagogie ? Est-ce lénifiant ? Je laisse à chacun le soin de trancher.

Le lendemain, l'un de ces élèves semblait plein de reconnaissance et travaillait avec ardeur (il faut dire que j'avais sauvé son Noël : il allait être privé de cadeaux). Une autre avait eu une « croix mérite » dans son carnet et obtenu des compliments d'un de mes collègues.

De la même manière, je promets aux élèves une note bonus s'ils vont visiter tel musée de mon choix, en famille ou entre camarades, s'ils se rendent devant la plus vieille maison de Paris ou aux arènes de Lutèce – des destinations entretenant un lien avec le programme étudié. Je leur explique que, outre la bonne note qu'ils recevront, ils feront sans doute une sortie amusante avec leurs amis (deux minutes au musée, une heure chez Amorino). Mais aussi qu'ils étonneront leurs parents, voire les rassureront : comment priver de PS5 un enfant qui revient des thermes de Cluny et de leur musée du Moyen Âge ?

Je mesure la modestie de l'impact de mes démarches bricolées. Je n'entrevois ni nouvelle méthode, ni nouvelle approche. Je ne prône rien. Je n'ai aucun mérite : je trouvais l'époque triste, et j'ai eu envie d'être optimiste et gentille, pas pesante. J'ai juste pensé que j'aurais été sensible à de tels appels ou au fait que mes propres enfants passent un moment avec leurs camarades au musée.

Quelle est la morale de cette petite histoire ? Je ne sais pas trop. Repenser l'École de fond en comble ou juste ne pas céder à la monotonie ?

Au fil des jours

Le cadre scolaire a toujours été vécu comme contraignant. Les bâtiments ressemblent à des prisons dans lesquelles on ne circule pas librement. Les journées sont longues. Les heures passées assis sur une chaise inconfortable défilent. Pour les élèves, être privés de leur portable est compliqué : j'en ai repéré certains qui manipulaient leur calculatrice afin de se raccrocher à une forme de substitut. En somme, le cadre scolaire va moins que jamais de soi.

Je ne fais plus semblant de ne pas voir que, selon le temps, la température, l'heure ou le jour de la semaine, les élèves ne suivent pas le cours avec autant de profit. D'où cette idée qu'il faut parfois cesser de faire cours pour mieux faire cours.

Un vendredi à 16 heures, quand nous sommes plus de trente dans une salle non climatisée et qu'il fait plus de trente degrés, exiger des élèves un travail digne de ce nom est peine perdue. Il faut trouver autre chose : ranger la classe. Dessiner. Descendre dans la cour pour faire un quiz, assis en rond sur des bancs, ou bien démarrer un récit, raconter un livre que j'ai lu : ils ont été très marqués par mon modeste recensement des *Iconophages*, de Jérémie Koering (Actes Sud). Cela n'avait qu'un maigre lien avec le programme, c'était un livre fort savant, mais l'idée que des gens, pour des raisons ou d'autres, ingèrent des images les a beaucoup amusés. Parfois, pour plus de sérénité encore, je projette au tableau un feu de bois trouvé sur YouTube ou, quand il fait trop chaud, des paysages de banquise : assise dans la pénombre, je parle de l'actualité ou d'une œuvre qui m'est chère.

Je tends ici des bâtons pour me faire battre : il ne faut pas voir ces pas de côté comme des moments de pur divertissement. Simplement, il est absurde de faire cours, au sens convenu du terme, quand cela n'est pas possible. Plutôt que d'enseigner malgré tout, il faut trouver des voies, même surprenantes ou indirectes, pour remobiliser l'attention des classes. Ces instants permettent de reculer pour mieux avancer ensuite. Ils ont une réelle pertinence pédagogique. Ils mettent d'autres dimensions de l'enseignement en valeur : la cohésion, le souci du cadre scolaire, l'écoute d'un récit, la révision. Nous ne perdons pas notre temps.

Cet art de l'improvisation est devenu pour moi essentiel : il me surprend et surprend mes élèves, il me pousse à être sans cesse en alerte, à laisser mes idées venir et à ne pas m'en tenir de manière stricte à ce que j'avais prévu ; il me permet aussi de cesser de lutter contre l'intempestif, mieux, de l'utiliser et de m'en servir. Ces moments improvisés sont des plages d'attention que j'aime beaucoup – attention à l'état des élèves, parfois au mien, aux micro-événements, aux remarques de la classe. Ce n'est pas la mort, le figé qui doivent être au centre du système, mais la vie.

Épilogue

Vingt ans après…

En janvier 2003, j'ai publié mon premier livre, *Collèges de France* (Fayard). L'année précédente, j'avais écrit pour la revue *Le Débat* (Gallimard) mon premier article. J'enseignais depuis cinq ou six ans. J'étais professeure à Saint-Ouen dans un collège classé ZEP. J'avais moins de 30 ans, une petite fille de 2 ans. Dans les salles de classe, il n'y avait pas d'ordinateurs. On remplissait les bulletins à la main. Je ne suis pas certaine d'avoir eu, à l'époque, un téléphone portable. Ma petite sœur sortait à peine du collège, j'avais mes quatre grands-parents, et mes parents avaient tout juste 50 ans. L'âge que je vais bientôt atteindre.

J'ai l'impression aujourd'hui que c'était un autre monde. Je n'étais pas une autre personne, je n'ai pas beaucoup changé, mais je suis devenue… une adulte. À 25 ans, j'étais professeure de toute mon âme. J'ai eu le sentiment d'avoir ça dans le sang dès la première seconde, alors que j'étais stagiaire. Je n'ai jamais envisagé sérieusement de ne pas faire ce métier. Mais je n'étais pas encore *enseignante*. J'étais sur le bord de la route à observer. Comme lorsque j'étais élève. Je regardais à ma manière, sans faire semblant d'être autre chose que ce que j'étais : une jeune professeure qui avait été élève à Victor-Duruy, à Henri-IV, puis en prépa au lycée Fénelon. Issue d'un milieu aisé sans être pour autant une bourgeoise : Mai 68 est passé par là. J'étais vraiment de gauche. Absolument. Déjà un peu réformiste sur les bords, mais on a tous ses petits défauts.

Devenue enseignante, j'ai eu un vaste choc. Mes collègues n'étaient pas des « intellectuels », et c'était, disons-le, le bordel. Je me suis aussi déçue moi-même : je n'arrivais pas à être la professeure respectable que je souhaitais devenir. Je n'avais qu'une envie, c'était de me marrer, d'être vivante, et je luttais contre mon tempérament, ce qui me rendait cassante et inauthentique. Je me raccrochais à quantité de mantras qui, pour la plupart, étaient des défauts et des préjugés éducatifs.

Je n'étais pas ignorante, je connaissais donc les conditions de vie et les difficultés des élèves de ZEP. Mais la théorie est une chose. En classe, j'ai éprouvé intimement la différence avec ce que j'avais vécu et reçu : ça m'a filé un électrochoc. Qui m'accompagne encore : ce sont toujours, aujourd'hui, les élèves les plus perdus ou les plus éloignés de la culture scolaire qui me touchent et m'intéressent par-dessus tout.

Jeune, j'ai dit pas mal de conneries, j'ai aussi compris quantité de choses. J'ai commis des erreurs, mais j'ai aussi raconté ce que je faisais, honnêtement.

Le succès de mon premier livre reposait sur un malentendu : il a été considéré comme un rappel à l'ordre, et j'ai failli avoir un fabuleux destin de petite créature réac. Mais, pour qui le lisait attentivement, mon ouvrage n'était pas cela. Il laissait voir en toute sincérité, sans aucune prudence, ce que traverse une jeune bizuth qui, sauf exception, n'a pas eu la chance de rencontrer des interlocuteurs intéressants, qui se paume, se crispe, se marre et fait son éléphant dans le magasin de porcelaine. Chaque page disait le contraire de la précédente.

Quand j'ai assuré sa promotion dans les médias, les journalistes me disaient toujours être déçus par ma modération ; ils m'espéraient plus excessive et dogmatique. Ils n'avaient pas lu l'ouvrage, qui est loin d'être uniforme : il est imprudent, décomplexé et complexé, il se cherche et ne se trouve que dans le plaisir d'enseigner.

Ce livre, je l'avais écrit en un été. Je m'étais beaucoup amusée et surtout, naïvement, je n'avais pas vraiment pensé au fait qu'il serait lu. Autant dire que je ne m'étais pas censurée. J'ai pu blesser des collègues, pour certains je le regrette. Et je n'ai pas rendu ma situation en salle des professeurs confortable, c'est le moins qu'on puisse dire.

Cela a conduit, de ma part, à quelques brutalités. On discerne que je souhaitais être adoubée par le camp « républicain », que je recherchais des maîtres, mais tout prouvait que je serais à jamais incapable de m'y rallier. Autre particularité de ce livre : il est profondément non idéologique. Je n'en avais rien à faire. Maintenant non plus.

Aujourd'hui, donc, je n'écrirais plus la même chose que dans *Collèges de France*. Peut-être même que je n'aimerais pas la professeure que j'étais à l'époque. Que je serais jalouse de sa jeunesse (*Ève* de Mankiewicz est l'un de mes films favoris). Il se peut aussi que j'éprouverais de la tendresse vis-à-vis d'une jeune enseignante qui tente, souvent maladroitement, de s'en sortir. J'aimerais même pouvoir lui parler. M'écouterait-elle ? Sans doute pas. Les relations entre soi et soi sont rarement simples.

Vingt ans après, j'ai vécu. J'ai souffert, perdu des êtres chers, et mes enfants ne sont plus dans l'enseignement secondaire. J'ai aussi rencontré Claude Capelier, mon mari, avec qui je n'ai jamais cessé de discuter de ces questions, qu'il connaît si bien et qu'il pense de manière si intensément brillante. Il m'a aidée, jour après jour, à sortir des postures, à assumer la professeure que j'étais, et m'a appris à me sentir profondément responsable de ce que je faisais, réussissais ou ratais en cours, ce qui n'est pas de tout repos. Nous réfléchissons cependant à des niveaux très différents l'un de l'autre : je n'ai pas, contrairement à lui, l'esprit conceptuel, et il n'a pas enseigné au collège. Cela donne à nos discussions un drôle de tour : je me démène pour que mon expérience ne tombe pas sous la coupe des théories et des concepts, même s'ils me semblent passionnants et pertinents – ce qui me rend parfois un peu désagréable. Tout en luttant, j'ai assez d'orgueil pour me convaincre que je ne peux cependant pas renoncer à avoir des idées et des vues d'ensemble inspirées par ce que j'ai pu lire ou étudier. Cela me conduit à trouver des angles et des pistes personnels afin de ne pas me limiter au récit, aux intuitions : ce qui passait à 30 ans devient paresseux à 50. Bref, je disais que j'avais manqué de vrais interlocuteurs au début de ma carrière : j'en ai désormais un, génial, et je vis avec lui.

Pendant longtemps, j'ai malgré tout pensé qu'il serait bon que mes textes soient davantage irrigués de sociologie, de pédagogie ou autres disciplines universitaires. J'ai écrit, entre-temps, trois autres livres sur le collège, mais force est de constater que je n'étais pas faite pour les écrits théoriques. Ce que je ressentais comme un manque, d'ailleurs. On me le faisait remarquer : que peut dire du collège en général une professeure de collège particulière ? Je n'ai pas mis beaucoup de temps à comprendre que cette injonction scientifique n'était qu'une manière de récuser un témoignage : certains n'aiment que ceux qui vont dans leur sens ou confirment leur vision des choses. Les « d'où tu parles ? » et autres « elle est de droite » (malgré mes efforts, je n'ai pas réussi à l'être) n'avaient pour dessein que de me dire, de manière un peu autoritaire, de la fermer. Peu écoutent, en réalité… J'ai toujours trouvé incroyable que, lorsqu'on est enseignant, il soit préférable pour se faire entendre de répéter une analyse que l'on a lue la veille dans un journal plutôt que d'exprimer un point de vue personnel et libre. Et que des gens qui n'ont jamais mis les pieds dans une classe pensent, en dépit de votre expérience, savoir mieux que vous ce qu'il faudrait faire.

Peu importe, j'ai continué à écrire. J'ai assumé de ne pas procéder de façon déductive ; je m'efforce juste de faire partager de la manière la plus concrète possible mon expérience de professeure afin de montrer les pistes de réflexion et les lignes de force qui s'en dégagent, ainsi que des dimensions de la relation enseignante qui sont trop souvent délaissées et marginalisées. Bien qu'elle soit pour moi spontanée, et non le fruit d'une méthode, cette démarche inductive me paraît la plus à même d'exploiter la richesse inouïe des questions éducatives, qui mêlent tous les genres, les niveaux, les degrés, les facteurs, les repères, et qui cumulent trop d'acteurs, de contingences existentielles pour qu'une approche théorique suffise à les cerner.

CAFE DE L'HORLOGE

107 PLACE ST LEGER
73000 CHAMBERY FRANCE
TEL 04.79.71.60.83
792 322 281 - 553 G - FR

Servi par: JUJU

Ticket N°264 388
23/01/2023

Qté Article	Prix total
1 EXPRESSO	1,70 € (2)

1 Article facturé / 1 Ligne

TOTAL	1,70 €

	HT	TVA	TTC
TVA(2) 10,00 %	1,55 €	0,15 €	1,70 €
Total	1,55 €	0,15 €	1,70 €

1 ESPECES .... 1,70 €
Total règlement .... 1,70 €

23/01/2023 16:25:45

V.16.0.202G5 B0402UW0X To: Notes Ventes
Nb d'impression : 1 TDoc: Ticket ite POC2-HORLOGE
Référence : C264294

Merci de votre visite, à bientôt...
PRIX NET - SERVICE COMPRIS

Depuis tout ce temps, j'ai donc vieilli et surtout grandi. Au milieu des élèves. Je ne recherche désormais ni caution, ni reconnaissance intellectuelle. Je suis devenue autonome. Écrire sur le collège, à ma manière, est devenu le fil conducteur de ma vie. J'écris tout le temps sur ce sujet, presque tous les jours. Ce travail de narration et de partage est pour moi essentiel : j'ai besoin de mettre en forme ce que j'ai parfois vécu confusément ; je ressens la nécessité de le raconter et de le transmettre comme s'il s'agissait d'un voyage extraordinaire et initiatique.

Ce que j'essaie d'édifier, c'est un roman d'apprentissage éducatif. Avec cette conviction profonde : pour paraphraser Rousseau, je dirais qu'on cherche toujours l'École dans la classe sans prendre le temps d'observer la classe dans ce qu'elle a de moins scolaire, de moins systématique et de plus imprévisible. C'est une entreprise opiniâtre et joyeuse. Chacun, ensuite, en fera ce qu'il souhaite. Je m'expose, mais ne m'impose pas.

Remerciements

Merci, Claude, pour tout. Et le reste. Sans toi, ce livre ne serait pas ce qu'il est.

Merci, Alice, pour ta fidélité, ton élégance, ton amitié, ta patience et ta douce obstination de merveilleuse éditrice.

Merci, chers élèves passés et présents. Vous incarnez la vie dans ce qu'elle a de plus grandiose et parfois de plus injustement triste : continuons la lutte.

Je remercie aussi la revue *Le Débat*, et tout particulièrement Marcel Gauchet, de m'avoir donné l'occasion de raconter mon expérience de professeure à plusieurs reprises. Quelques passages de ce livre figurent dans un article intitulé « Du mammouth au colibri », paru dans l'ultime numéro de la revue, en 2020.

TABLE DES MATIÈRES

Deuxième partie
Le retour de l'Histoire

Troisième partie
Des débats pour se soutenir

Imprimé en France par CPI
en décembre 2022

pca
cmb
édition pré-presse
livres numériques

44400 Rezé

MIXTE
Papier issu de
sources responsables
FSC® C003309
FSC
www.fsc.org

L'éditeur de cet ouvrage s'engage dans une démarche
de certification FSC® qui contribue à la préservation
des forêts pour les générations futures.

Pour en savoir plus :
www.editis.com/engagement-rse/

N° d'édition : 64817/01
N° d'impression : 171897